왜 언론이 문제일까?

10대에게 들려주는
언론 이야기

왜 언론이
문제일까?

박영흠 지음

청아출판사

우리나라 최초의 민간신문인 〈독립신문〉
1896년 4월 7일, 서재필 창간

"펜은 칼보다 강하다."

- 에드워드 리턴(소설가이자 언론인)

'언론'이라는 말을 들으면 제일 먼저 무엇이 떠오르는가?

아침마다 배달되는 종이신문, 세련된 양복을 차려입은 뉴스 앵커, 수첩을 들고 특종을 쫓아다니는 기자의 모습 같은 것들을 떠올릴지 모르겠다. 그러나 이 책을 막 펼쳐 든 10대 청소년 가운데 상당수는 '떠오르는 것이 없다'고 답할 가능성이 높다. 언론에 대해 잘 모르거나 관심이 없기 때문이다.

청소년들은 뉴스를 보지 않는다. 조사 결과를 보면, 청소년의 하루 평균 뉴스 이용량은 다른 세대에 비해 현저히 떨어진다. 그도 그럴 만하다. 공부하고 학원에 다니는 것만으로도 충분히 바쁘기 때문이다. 부모님이 뉴스를 열심히 찾아 읽는 자녀를 달가워하지 않을 수도 있다. 게다가 스마트폰을 열면 뉴스 말고도 재미있는 것이 얼마나 많은가. 게임, 1인 방송, 소셜네트워크서비스(SNS)를 드나들다 보면 지루한 뉴스 따위에 신경 쓸 겨를이 없다.

상황이 이렇다 보니 청소년들이 느끼는 언론과의 거리는 갈수록 멀어질 수밖에 없다. 언론은 나와 상관없는 어른들이 만들고 보는 것이다. 복잡하고 어려운 이야기다. 지나치게 엄숙하고 따분하다. 재미도 없을 뿐 아니라 믿을 수도 없다.

뉴스를 보지 않는 청소년들만 탓할 일은 아니다. 맛있는 음식이 가득한 밥상 앞에서 반찬 투정이 사라지듯, 언론이 알차고 재미있는 뉴스를 제공한다면 보지 말라 해도 청소년들은 알아서 뉴스 앞에 모여들 것이다. 하지만 언론은 그런 노력을 기울이기는커녕 오히려 청소년 독자와 시청자들을 애써 밀어내는 중이다.

언론에서 청소년이 얼마나, 언제, 어떻게 다루어지는지 생각해 보자. 뉴스에는 청소년이 거의 등장하지 않는다. 청소년들의 고민이나 불편, 관심사가 뉴스에서 비중 있게 다루어지는 경우는 흔치 않다. 다루어지더라도 학부모들이 관심을 갖는 입시나 학교 폭력 관련 이슈가 대부분이다. 음주, 약물, 게임 중독 등 일탈에 빠져 어른들을 격정시키는 이른바 '겁 없는 청소년'을 제외하면, 언론에서 청소년은 '투명인간'에 가깝다. 이처럼 내 삶과 동떨어진 이야기에 청소년들이 애써 귀를 기울일 이유는 없다.

청소년들이 먼저 언론을 외면한 것인지, 언론이 먼저 청소년을 배제한 것인지는 '닭이 먼저냐, 달걀이 먼저냐'의 문제처럼 명확히 알기 어렵다. 분명한 것은 지금 청소년들과 언론이 서로에게 두꺼운 벽을 쌓고 있다는 사실이다. 과연 이대로 두어도 괜찮은 걸까? 청소년들이 이렇게 언론에 무관심해도 되는 걸까? 언론은 정말 나와는 아무 상관없는 일일까?

이 책은 언론이 우리가 생각하는 것보다 훨씬 중요하다고 말하고 있다. 언론은 사람들이 세상을 바라보는 수단이다. 언론에는 세상을 바꾸는 힘이 있다. 언론이 청소년을 왜곡된 모습으로 비춰 주면 사회는 청소년을 비뚤어진 눈으로 바라볼 수밖에 없다. 언론이 청소년에 무관심하면 그만큼 세상은 청소년의 삶을 외면하게 된다.

언론은 먼 곳에서 벌어지는 딴 세상 일이 아니다. 일상 깊은 곳까지 파고들어 와 어른들뿐 아니라 청소년들의 삶 곳곳에도 영향을 미치는 내 삶의 일부다. 알고 보면 우리는 언론 속에서 자라고, 언론에 의지해 살아간다.

언론에 문제가 많은 것은 사실이다. 언론은 사실과 다른 뉴스, 사람들에게 상처를 주는 뉴스, 서로 미워하고 싸우게 만드는 뉴스 등 수많은 '불량 뉴스'를 생산하고 있다. 그래서 오늘날 언론은 어른들에게도 불신과 혐오의 대상이 되고 있다.

하지만 나쁜 언론에 침 뱉고 고개를 돌린다고 해서 문제가 해결되는 것은 아니다. 그럴수록 언론에 한 발 더 가까이 다가서야 한다. 언론에 대해 말하고 질문을 던져야 한다. 언론은 무책임한 어른들에게만 맡겨두기에는 너무나 중요하기 때문이다.

그래서 이 책은 다음과 같이 묻고 있다. 언론이 우리에게 갖는 의미는 무엇인가? 우리 언론에 도대체 무슨 문제가 있는 것일까? 왜 지금과 같은 나쁜 언론이 만들어지는 것일까? 좋은 언론이란 무엇이며, 좋은 언론으로 바꾸기 위해 우리는 무엇을 해야 하는가?

이러한 질문들에 대한 유일하고 명쾌한 해답 같은 것은 존재하지 않을지도 모른다. 이 책 역시 해답을 제시하는 것은 아니다. 독자들 스스로 답을 찾아나가는 고민과 토론에 필요한 실마리를 제공할 뿐이다. 언론을 바로잡는 힘은 그렇게 우리 모두가 머리를 맞대고 답을 구하는 진지한 고민과 토론의 과정에서 나온다.

청소년들이 뉴스에 관심이 없고 언론을 잘 모른다고 하지만, 뒤집어 보면 언론에 대한 고정관념이 덜 자리 잡고 있다는 뜻이기도 하다. 이 책은 아직 언론을 잘 모르지만 동시에 편견으로부터도 자유로운 청소년들이 언론에 대한 애정과 관심을 갖고 언론을 올바로 대하는 법을 익히기를 바라는 마음에서 쓰였다. 이 책이 자라나는 세대가 바람직한 언론을 만들어가는 여정에 유용한 길잡이가 되기를 바란다.

차례

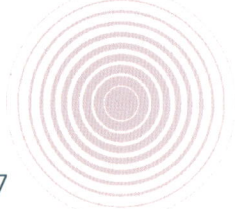

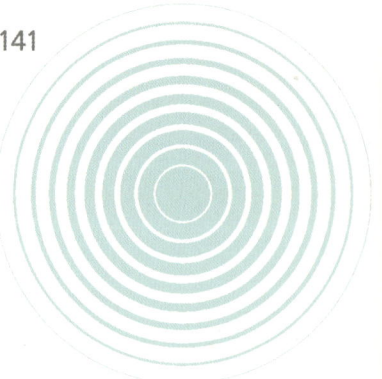

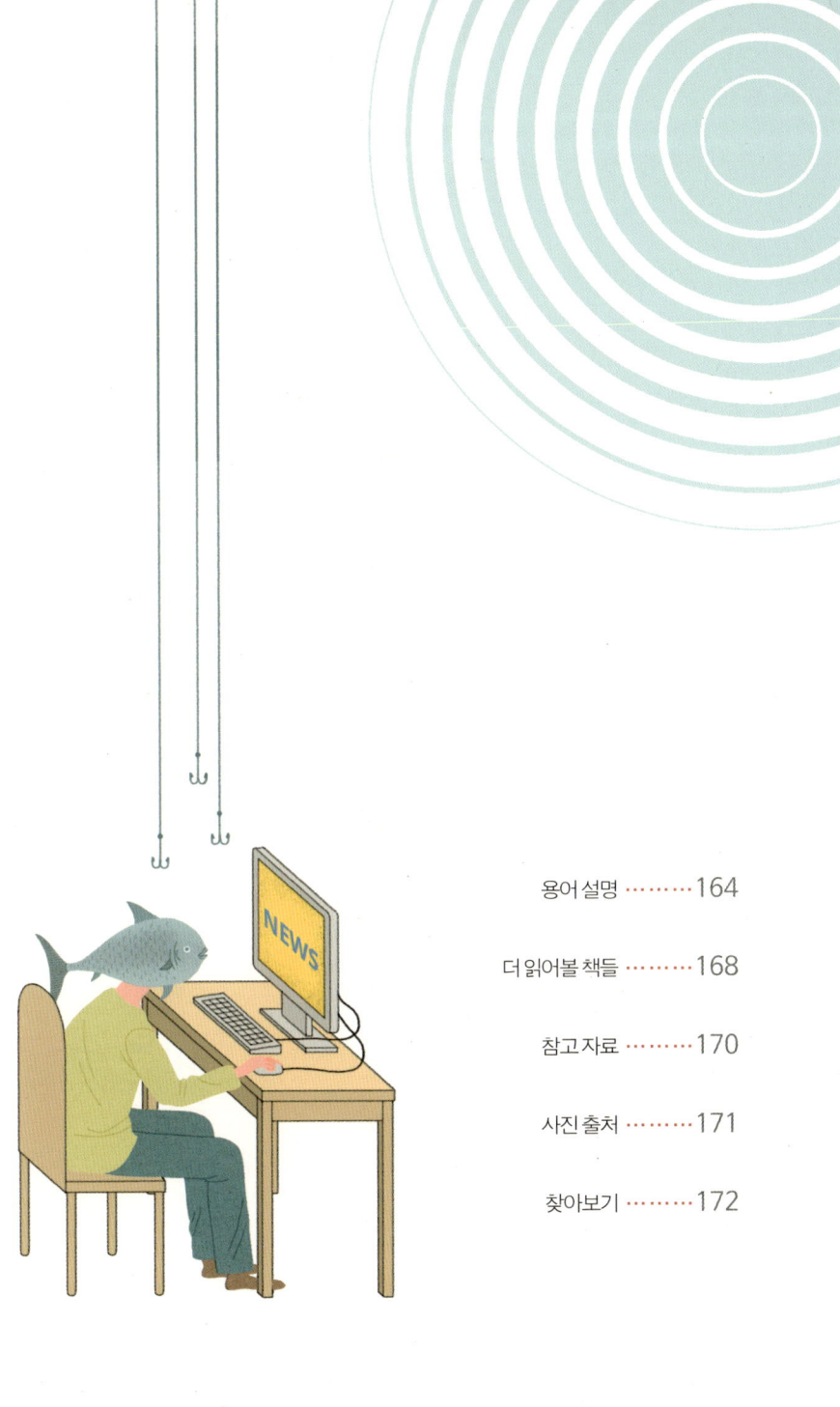

1장

민주주의를 숨 쉬게 하는 언론

언론이 뭐길래 📺

언론이란 무엇일까? 언론은 그 의미를 명확히 규정하기 어려운 단어다. 언론을 정의 내리는 방식도 저마다 제각각이다. 언론이 워낙 여러 가지 얼굴을 가지고 있고, 다양한 기대를 받기 때문이다. 어디서부터 어디까지를 언론으로 볼 것인지, 그 경계와 범위도 보는 이에 따라 다를 수밖에 없다.

문자 그대로 해석하면 '언론(言論)'은 '말(言)'과 주장(論)'이다. 그러나 전통적인 의미에서 언론은 '말과 주장' 자체보다 그것을 전하는 행위 또는 그러한 행위를 실천하는 기관들을 가리켜왔다.

우리나라에서 언론이라 하면 〈KBS〉, 〈MBC〉, 〈SBS〉와 같은 텔레비전 방송국, 〈조선일보〉, 〈중앙일보〉, 〈동아일보〉 등의 종이신문사를 의미했다.

그러나 최근 디지털 기술의 눈부신 발전으로 다양한 시도와 실험이 이루어지면서 언론의 범위는 한층 넓어지고 종류는 더 다양해졌다. 〈오마이뉴스〉나 〈디스패치〉와 같은 인터넷 언론, 〈뉴스타파〉와 같은 탐사보도 전문 언론, 〈미디어몽구〉와 같은 1인 저널리스트 외에도 수많은 뉴스 미디어가 생겨났다.

이제 뉴스는 어디에나 있다. SNS에도, 유튜브에도, 카카오톡에도, 팟캐스트에도 뉴스는 있다. 이들은 동영상이나 카드뉴스, 오디오 파일 등 다양한 형태로 제공된다. 기자가 아닌 일반인이 만드는 경우도 많고, 정기적으로 발행되지 않는 경우도 있다.

언론의 경계가 무너지고 뉴스 장르가 파괴된 것이다. 극소수의 전통적 매스미디어만을 언론이라 부르던 시대는 이미 저물었다. 이제 말과 주장을 전하여 사회적 이슈에 대한 여론을 형성하는 일을 한다면 누구나 언론이 될 수 있다. 언론이 그만큼 다양하고 풍성해진 셈이다.

하지만 아무 말과 주장이든 전한다고 다 언론이 되는 것은 아니다. 무엇이든 다 언론으로 인정한다면 뉴스를 흉내 낸 거짓 정보, 즉 가짜 뉴스(fake news)와 진짜 뉴스 사이의 구분도 불가능해진다. 언론은 '사실(fact)'에 근거한 말과 주장을 전달하는 경우로 엄격히 제한되어야 한다. 가짜 뉴스는 사실에 근거하지 않고 있기 때문에 언론이 아니다.

뉴스가 사라지면 어떤 일이 벌어질까

미국 대통령을 지낸 토머스 제퍼슨은 "언론 없는 정부보다는 정부 없는 언론을 택하겠다"는 말을 남겼다. 설마 진짜 정부가 없어도 된다고 생각했을 리가 있겠는가. 언론이 그만큼 중요하다는 사실을 강

"언론 없는 정부보다는 정부 없는 언론을 택하겠다."
– 토머스 제퍼슨(Thomas Jefferson), 미국 제3대 대통령

조하려는 의도였을 것이다. 우리들의 실제 삶 속에서도 언론이 이렇게 중요할까? 여러분에게 언론은 어떤 의미인가?

누군가는 언론이 자신과는 상관없는 일이라고 말할 수도 있다. 과연 그럴까? 머릿속에서 작은 실험을 해 보자. 현실 속에서 언론이 내보내는 뉴스를 모두 지워보는 것이다. 어느 날 갑자기 세상의 모든 뉴스가 사라진다면, 우리의 삶은 어떻게 바뀔까?

일단 우리가 매일 찾는 포털사이트의 한복판이 텅 비어 버릴 것이다. 황금 시간대인 저녁 8~9시에 텔레비전을 켜면 화면에는 아무것도 나오지 않을 것이다. 가판대에 쌓여 있던 종이신문이나 주간지들은 자취를 감출 것이다. 뉴스를 만드는 기자라는 직업도 사라지고, 기자가 등장하는 〈택시운전사〉 같은 영화도 만들어지지 않을 것이다.

우리의 일상에는 더 큰 구멍이 난다. 날씨를 알 수 없으니 아침에 우산을 가지고 나가야 할지, 어떤 겉옷을 걸치고 나가야 할지 망설일 수밖에 없다. 친구들과 함께 점심을 먹을 때 나눌 이야깃거리도 크게 줄어든다. 새로운 스마트폰이 출시되었다는 사실도 한참 뒤에야 알게 된다. 관심 있는 연예인이 무엇을 하는지, 대통령이 나라를 잘 이끌고 있는지 궁금하다면 직접 뛰어다니며 알아내야 한다. 여간 집념이 강하지 않으면, 또 공부나 생업이 바쁘다면 매우 어렵거나 불편한 일이다.

그저 생활이 조금 불편해지는 것뿐일까? 수험생들은 큰 곤란을 겪을 것이 틀림없다. 수시로 바뀌는 교육부의 대학 입시 정책과 수능 출제 경향을 잘 알지 못하는 상태에서 입시를 준비해야 할 테니 말이다. 부모님은 세계 경제의 흐름과 정부 정책의 변화에 대한 정보 없이 주식이나 부동산에 투자했다가 경제적 손실을 입을지도 모른다.

끔찍한 범죄나 답답한 정치 뉴스를 듣지 않으니 스트레스를 덜 받게 될 수는 있다. 하지만 독감이 유행하거나 유해 식품이 유통되고 있다는 사실을 모른 채 지내면 어떻게 될까? 메르스 같은 치명적인 전염병이 창궐하고 있는데도 아무 대비 없이 거리를 돌아다니는 사람들을 상상하는 일은 끔찍하다. 최악의 경우 태풍이나 홍수, 폭설과 같은 재난에 대비하지 못해 목숨을 잃을 수도 있다. 이처럼 뉴스가 없는 세상에서 우리가 생존할 확률은 현저히 낮아질지도 모를 일이다.

왜 언론이 중요할까 ⌨️SNS

인간은 정보를 모으는 동물이다. 정보화 시대라서가 아니다. 문명 이전부터 인간은 멀리서 들려오는 소리에 귀를 기울이고, 높은 곳에 올라 언덕 너머에 무엇이 있는지를 살폈다. 맹수처럼 날카로운 이빨도 없고, 타조처럼 빨리 달리지도 못하는 인간이 만물을 다스리는 영장이 될 수 있었던 비결이다. 어쩌면 그렇게 강하지도, 빠르지도 않왔기 때문에 위험에 대비할 수 있게 해주는 정보를 열심히 수집해 생존을 추구했는지도 모른다.

오랜 시간 생존을 위한 투쟁을 해오며 인류의 DNA에는 자신을 둘러싼 환경에 대해 알고자 하는 본능이 자리 잡았다. 정보는 의식주 다음으로 인간이 필요로 하는 것이 되었다. 누구나 주변에서 벌어지고 있는 일을 궁금해하고, 궁금증이 해소되지 않으면 답답함과 고통을 느낀다. 베트남전에 참전했다가 전투기 추락으로 포로가 되어 5년 동안 갇혀 있다가 풀려난 미국의 유명 정치인은 자신이 포로 생활 동안 가장 갈망했던 것은 풍족한 음식이 아니라 충분한 정보였다고 고백한 바 있다.

문명의 발달로 인류의 상당수는 환경에 대한 정보가 부족해 당장 생명이 위협받는 최악의 조건에서 벗어나게 되었다. 이제 우리는 아프리카의 사막이나 아마존 정글이 아니라 고도로 발달한 산업사회에 살고 있다. 그럼에도 정보의 필요성과 정보에 대한 욕구가 사라지거나 줄어든 것은 아니다. 거대하고 복잡해진 현대 사회에서 오히려 이전보다 더 다양하고 많은 정보가 필요하게 되었다.

지금과 같은 모습의 언론이 생겨난 것은 이 때문이다. 아무리 바쁘게 뛰어다니더라도 혼자서는 도저히 모을 수 없는 양과 종류의 정보가 필요해지면서, 정보를 수집해 제공하는 전문기관을 따로 두게 된 것이다. 우리는 언론을 통해 사회와 세계에 대한 다양한 정보를 제공받고, 이를 바탕으로 우리의 삶을 더 안전하고 행복하게 만들기 위한 판단과 결정, 행동을 할 수 있다.

예컨대 우리는 북한에 다녀온 적이 없지만 북한에 대해 여러 사실을 알고 있다. 북한을 통치하는 독재자의 얼굴과 이름을 알고, 북한 주민의 빈곤에 대해서도 어느 정도 안다. 평양 시내의 풍경을 보면 그곳이 북한임을 알아볼 수도 있다. 언론의 보도 덕분이다. 우리는 언론을 통해 북한을 경험한 것이다. 그리고 언론이 전달하는 북한의 실상을 바탕으로 북한에 대한 생각과 판단을 형성한다.

마찬가지로 청와대나 국회에서 벌어지는 일을 직접 찾아가 보지 않아도, 산업 현장을 일일이 돌아다니지 않아도 정치와 경제가 어떻게 돌아가는지 대략 알 수 있다. 언론이 전해주는 정보가 있기 때문이다. 그리고 이러한 지식과 이해를 바탕으로 투표를 하고, 주식을 사고, 취업을 하며, 진로를 정한다.

물론 뉴스가 없어도 입소문이나 다른 방법으로 필요한 정보를 받을 수는 있겠지만, 그 효율성과 정확성은 뉴스에 비할 바가 못 될 것이다. 뉴스가 사라지면 우리가 일상적 삶을 영위하는 것조차 어려워지는 이유는 이 때문이다.

출퇴근 시간에 지하철에서 많은 사람이 스마트폰으로 열심히 뉴스를 읽는 이유도 마찬가지다. 네이버와 다음 같은 포털사이트들이 사람들의 눈길이 집중되고 클릭하기 쉬운 공간에 뉴스를 배치하는 것도 같은 이유다.

물고기가 물의 존재를 인식하지 못하듯, 우리도 주변에서 항상 접하는 언론의 가치를 제대로 깨닫기 어렵다. 언론은 우리 삶 깊숙이 들어와 많은 영향을 미친다. 우리에게 뉴스에 관심을 갖지 않을 자유는 있지만, 뉴스의 영향을 받지 않을 자유는 없다.

미국을 위대하게 만든 힘, 언론 📰

〈뉴스룸(Newsroom)〉이라는 미국 드라마가 있다. 미국의 케이블TV 채널 〈HBO〉에서 2012년 첫 번째 시즌이 방영된 이 드라마는 높은 인기 속에서 세 번째 시즌까지 제작되었고, 주연을 맡은 제프 다니엘스가 'TV의 아카데미상'이라 불리는 에미상의 드라마 부문 남우주연상을 받을 만큼 높은 평가를 받기도 했다.

국내의 한 방송사 메인 뉴스 프로그램 제목으로도 쓰이는 '뉴스룸'은 언론사의 편집국이나 보도국을 말한다. 드라마의 무대가 바로 ACN이라는 가상의 방송사 보도국이다. 진실 되고 책임 있는 보도를 위해 고군분투하는 언론인들의 일과 사랑이 드라마의 주된 소재다. 드라마는 '지루한 뉴스를 만드는 사람들의 이야기가 어쩌면 이렇게 재미있을 수 있을까'라고 생각될 만큼 흥미진진하다.

드라마의 메시지는 도입부에서 잘 드러난다. 괴팍한 성격의 뉴스 진행자인 주인공 윌 맥어보이는 공개 좌담회에서 "미국이 세계에서 가장 위대한 나라인 이유가 무엇인지 말해 달라"는 한 대학생의 질문을 받는다. 세계 최강대국 국민의 자부심이 가득한 이 질문에 맥어보이는 "미국은 위대한 나라가 아니다"라는 도발적인 답을 내놓는다. 미국은 교육과 보건 수준이 낮고 범죄율이 높은데도 국방비에만 엄청난 예산을 쏟아붓는 한심한 나라라는 것이다.

그는 미국에도 한때 '기술적 진보를 이루고, 우주를 탐사하고, 질병을 치료하고, 위대한 예술가들을 길러내며, 세계 최고의 경제를 이룰' 만큼 위대했던 시절이 있었다고 덧붙인다. 그리고 "우리가 이 모든 것이 될 수 있었고 이 모든 것을 할 수 있었던 이유는 우리가 정보를 제공받았기 때문(We were able to be all these things and do all these things because we were informed)"이라는 명대사를 남긴다. 제대로 된 언론을 통해 정보를 올바로 제공받을 수 있다면, 미국은 다시 위대한 나라가될 수 있다는 것이다.

맥어보이의 말처럼 미국 역사가 빛나는 순간에는 언제나 언론이 함께했다. 식민지 시대부터 언론은 아메리카가 영국으로부터 독립해 새로운 민주주의 국가를 건설해야 한다는 주장을 펼치며 1776년 7월 4일 독립선언의 주춧돌을 놓았다. 이후 형태와 성격은 조금씩 바뀌었지만, 언론은 언제나 미국 민주주의 정치에서 중요한 비중을 차지해왔다.

건국 직후에는 언론이 신생 민주주의 국가의 기틀을 잡기 위한 치열한 토론의 장을 제공했다. 당시의 신문들은 지금처럼 객관적 사실을 전달하기보다 정치적 주장과 이념을 담는 '정론지(政論紙)'의 성격을 띠었다. 이 무렵 미국을 방문한 프랑스의 지식인 알렉시스 드 토크빌은 "미국에는 제 신문을 갖고 있지 않은 마을이 거의 없다. 미국을 한데 뭉치게 만드는 힘은 바로 신문에 있다"며 놀라워했다.

지금과 같은 형태의 신문이 처음 등장한 것은 19세기 초반이었다. 산업화가 진행되고 노동자들이 대도시에 모여 살게 되면서 '대중(mass)'이라는 새로운 계층이 등장했다. 소수의 귀족 엘리트가 아닌, 대중이 정치와 사회를 주도하는 시대가 열렸다. 이때부터 이해하기 쉬운 언어로 광범위한 대중에게 세상에서 벌어지는 일들을 알려주는 언론이 큰 인기를 끌며 대중이 주도하는 민주주의의 지렛대 역할을 담당했다.

초창기의 대중 언론은 선정적 뉴스 위주의 보도로 지나치게 상업적 이윤만 추구해 문제가 되기도 했지만, 20세기에 접어들면서 사회고발성 보도가 늘어나고 〈뉴욕타임스〉와 〈워싱턴포스트〉 같은 권위 있는 신문들이 자리를 잡기 시작했다. 1974년 〈워싱턴포스트〉는 끈질긴 탐사보도 끝에 집권당인 공화당이 민주당 선거운동 본부에 도청장치를 설치했으며, 이 음모의 배후에 정부 고위 인사들과 닉슨 대통령이 있음을 밝혀냈다. '워터게이트' 스캔들로 불리는 이 사건으로 결국 닉슨 대통령은 사임했다. 언론이 최고권력자의 비리를 파헤쳐 스스로 물러나게 만든 것이다.

맥어보이의 말에는 이처럼 현대 민주주의 사회에서 언론이 담당해 온 특별한 역할에 대한 중요한 인식이 함축되어 있다. 그 역할을 제대로 수행하지 못하고 있는 오늘날의 언론을 향한 비판 역시 깔려 있다. 민주주의 사회를 살아가는 우리가 귀담아듣고 가슴에 새겨야 할 이야기다. 과연 언론은 어떻게 민주주의 사회를 '위대한 나라'로 만들어 낼 수 있을까?

민주주의와 언론

민주주의(democracy)란 무엇인가? 민주주의라는 말의 어원은 '민중'을 뜻하는 '데모스(demos)'와 '지배'를 뜻하는 '크라토스(kratos)'라는 두 낱말이 합쳐져 만들어진 그리스어 '데모크라티아(demokratia)'다. 즉 민주주의는 국민(民)이 주인(主)이 되어 스스로를 직접 지배하는 정치 체제를 말한다. 주권이 개인(왕이나 독재자) 또는 특정 계층(귀족이나 양반)에 있는 것이 아니라 국민 전체에 있다는 뜻이다.

"대한민국의 주권은 국민에게 있고, 모든 권력은 국민으로부터 나온다"고 못 박은 대한민국 헌법 제1조 제2항은 이 같은 민주주의의 원리를 규정한 것이다. 미국에서는 링컨 대통령이 유명한 게티즈버그 연설에서 "국민의, 국민에 의한, 국민을 위한 정부"라는 말로 민주주의의 이념을 적절히 표현한 바 있다.

태어날 때부터 민주주의 사회에서 살아왔던 사람들에게 민주주의는 저절로, 당연히 주어지는 것처럼 보일 수 있다. 많은 사람이 민주주의는 처음부터 있었고 앞으로도 영원히 있을 것처럼 생각한다. 하지만 민주주의는 당연히 주어지는 것이 아니다. 우리나라에서 국민이 주권을 행사하는 제대로 된 민주주의가 시행된 것은 30년 남짓밖에 되지 않았다. 그전까지 대한민국의 모든 권력은 국민이 아니라 몇몇 군인으로부터 나왔다. 수많은 사람이 피를 흘리고 목숨을 잃은 뒤에야 지금의 민주주의가 꽃필 수 있었다.

한번 민주주의가 실현되었다고 해서 마냥 안심할 수 있는 것도 아니다. 민주주의가 다시 권위주의 독재 체제로 돌아가지 말라는 법도 없다. 남미나 아프리카, 동남아시아에는 민주주의에서 군부 독재로 돌아가거나 허울뿐인 민주주의 체제의 국가도 많다. 민주주의는 저절로 유지되거나 발전하지 않는다. 무관심하게 내버려두면 퇴보하거나 사멸할 수 있다. 민주주의는 계속 관심을 가지고 가꿔야 하는 한 송이의 꽃과 같다.

민주주의가 제대로 유지되고 발전하기 위해서는 반드시 '지혜로

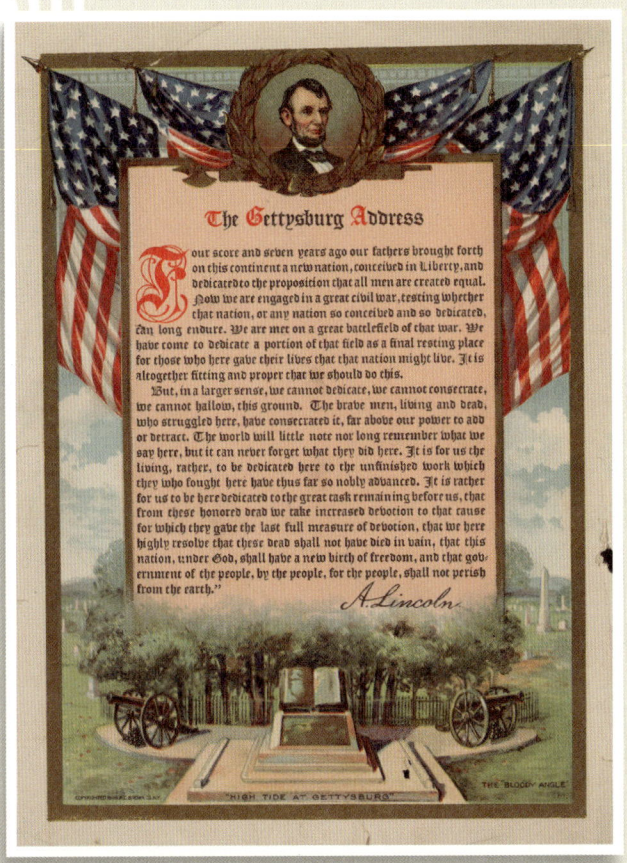

에이브러햄 링컨의 게티즈버그 연설 전문. "국민의, 국민에 의한, 국민을 위한 정부가 이 땅에서 사라지지 않도록(government of the people, by the people, for the people, shall not perish from the earth)"이란 유명한 인용구가 담긴 이 연설은 민주주의의 이념을 담은 위대한 연설로 손꼽힌다.

운 시민'이라는 전제조건이 필요하다. 민주주의 정치 체제는 국민이 스스로를 자율적으로 지배할 수 있는 역량을 갖추고 있다고 전제한다. 대중은 어리석기 때문에 탁월한 능력과 도덕성을 갖춘 왕이나 엘리트들이 그들을 다스려야 한다고 믿었던 다른 정치 체제들과 민주주의가 근본적으로 차별화되는 점이다.

그러나 만약 시민이 지배 과정에서 현명한 판단을 할 수 있을 만큼 지혜롭지 않다면, 민주주의는 매우 위험한 제도가 될 수도 있다. 제2차 세계대전 직전 독일 시민들은 민주적 절차를 거쳐 나치라는 정당에 권력을 넘기고 히틀러라는 미치광이를 지도자로 선출했다. 그 결과 수많은 국민을 죽음으로 몰아넣은 전쟁이 벌어졌고, 국가는 잿더미가 되고 말았다. 그릇된 판단을 내리는 어리석은 시민들에 의해 운영될 때 민주주의는 중우정치로 변한다.

과연 우리는 스스로를 지배할 수 있을 만큼 현명한 시민일까? 쉽게 답하기 어려운 질문이다. 모든 인간에게는 때로는 지혜롭고 때로는 어리석은, 두 얼굴이 존재하기 때문이다. 독일 국민은 지금 세계에서 가장 모범적인 민주주의 정치 제도를 운영하고 있다는 평가를 받는다. 한때 전체주의 체제를 선택했던 가장 어리석은 국민들이 어째서 지금은 훌륭한 민주 시민이 되었을까? 독일뿐 아니라 모든 나라의 시민들은 양면성을 가지고 있으며, 상황에 따라 서로 다른 모습이 드러나기 때문이다.

따라서 민주주의가 성공적으로 운영되기 위해서는 시민들의 두 가지 속성 중 현명한 판단을 내리는 지혜로운 시민의 얼굴이 나타날 수 있도록 돕는 조건이 필요하다. 그것이 바로 언론이다. 언론은 시민들이 현명한 결정을 내리는 데 토대가 되는 정확한 정보를 제공한다. 시민들에게 정보가 없거나 잘못된 정보가 제공된다면 그에 따른 결정도 올바르기를 기대하기 어렵다.

 언론으로부터 민주주의가 제대로 작동하는 데 필요한 정확한 정보를 제공받아 주권자로서 현명한 판단을 할 수 있게 된 지혜로운 이들을 '식견 있는 시민(informed citizen)'이라 부른다. 민주주의 사회에서 언론의 핵심적 역할은 바로 이 '식견 있는 시민'을 육성하는 것이다. 식견 있는 시민을 배양하는 언론 없이 건강한 민주주의를 바라는 것은 허망한 기대다.

 2016년 우리나라를 발칵 뒤집어 놓았던 '최순실 게이트' 보도를 생각해 보자. 〈TV조선〉, 〈한겨레〉, 〈JTBC〉 세 언론사가 차례로 최순실이라는 비선 실세의 존재를 알리고 그의 국정 개입을 입증하는 자료를 폭로한 것이야말로 언론이 국민에게 위험에 처한 민주주의의 실태를 드러내 이들을 '식견 있는 시민'으로 만들어 준 좋은 예다. 보도를 접한 시민들은 분노했고, 거리로 뛰쳐나와 거꾸로 가던 민주주의의 시계를 원상 복구했다. 정보를 제공받은 시민들이 미국을 다시 위대한 나라로 만들 수 있다는 맥어보이의 말처럼, 언론이 공중에게 정확한 정보를 제공하여 식견 있는 시민을 만들어 낼 수만 있다면 우리나라도 위대한 민주주의 국가가 될 수 있다.

민주주의 사회에서 언론이 하는 일

언론이 '식견 있는 시민'을 만들어내기 위해 일반 대중에게 제공하는 정보에는 여러 종류가 있다. 우선 언론은 대통령과 국회의원 등 국민의 대표자를 선출할 때 유권자들이 투표에서 최선의 선택을 할 수 있도록 필요한 정보를 제공한다.

오늘날의 민주주의는 고대 그리스와 같은 직접민주주의 체제가 아니다. 선거라는 절차를 통해 주권자인 시민들이 대표자를 선출하면 이들이 위임받은 권력을 행사하는 대의민주주의 체제다. 당연히 좋은 대표자를 뽑는 과정이 중요할 수밖에 없다. 언론은 정당의 정책과 공약, 후보자의 이력과 성향 등의 정보를 제공해 유권자들의 판단을 돕는다.

선거 뒤에는 권력을 위임받은 대표자들이 주권자의 이익에 부합하는 결정을 하고 법적 의무를 준수하고 있는지에 대한 정보를 제공한다. 대의민주주의의 한계는 선거를 통해 대표자가 선출되고 나면 다음 선거 때까지 주권자들이 권력을 가진 대표자를 제어하기 어렵다는 것이다. 먹고살기 바쁜 시민들이 대표자들을 일상적으로 감시하고 견제할 여유가 있을 리 없다. 그래서 주권자들을 대신해 이 역할을 맡는 것이 언론이다.

언론은 새로 지명된 장관이 도덕성과 전문성을 갖추고 있는지를 검증하고, 국회의원이 자녀를 취업시키기 위해 부당한 압력을 행사하지는 않는지 살펴보기도 한다. 정부의 발표에 거짓은 없는지, 새로운 정책이 국민의 이익에 부합하는지를 꼼꼼히 따져보기도 한다. 이런 역할을 하는 언론을 '감시견(watchdog)'으로서의 언론이라 부른다. 언론이 입법부, 사법부, 행정부와 더불어 민주주의 사회의 '제4부(the fourth estate)'라 불리는 이유도 권력을 견제하는 역할을 하기 때문이다.

그래서 언론은 늘 권력에 비판적 입장을 취한다. 많은 사람이 오해하는 것 가운데 하나가 '언론은 세상을 삐딱하게만 본다'는 것이다. 모든 일에는 긍정적 측면과 부정적 측면이 함께 있기 마련인데, 언론은 후자만 부각한다는 불만이다. 하지만 이것은 언론이 민주주의 사회에서 맡은 역할을 이해하지 못한 데서 비롯된 편견이다.

언론의 비판은 예방주사와 같다. 예방주사는 우리를 잠시 따끔하게 만들지만, 더 큰 질병에 걸리지 않도록 면역력을 높여준다. 언론의 비판도 듣는 이를 아프고 힘들게 하지만, 제대로 작동하지 않는 사회 시스템을 미리 감지하고 경고함으로써 더 큰 문제가 발생하지 않도록 대비할 수 있게 해준다. 한순간의 따끔함을 이유로 예방주사를 피하면 더 큰 병에 걸릴 위험이 커지듯, 비판적인 내용이 많다는 이유로 언론의 역할을 부정한다면 우리 사회의 면역체계도 위험에 처하게 된다.

'식견 있는 시민'은 언론으로부터 정보를 제공받았다고 해서 저절로 형성되는 것이 아니다. 시민들이 정보를 바탕으로 서로 생각을 교환하면서 자신의 의견을 가다듬고 발전시키는 과정이 필요하다. 그래서 민주주의 사회에서 언론은 단순히 정보를 제공하는 데 그치지 않고 정보를 제공받은 시민들 간의 대화와 토론의 장을 마련하는 역할도 함께 맡고 있다. 이것이 공론장(public sphere)의 기능이다.

신문의 사설과 칼럼, 독자 투고나 TV 토론은 언론이 공론장의 역할을 수행하는 전통적인 방식이다. 최근에는 인터넷 게시판이나 댓글이 이 역할을 맡기도 한다. 이런 방법으로 언론은 다양한 사회 집단이 서로 의견을 교환할 수 있도록 매개하고, 사회적 갈등을 조정하고 문제를 해결한다. 시민들은 언론을 통해 자신의 목소리를 대표자와 사회 전체에 전달하고 공적 이슈에 참여할 수 있다. 주권자의 참여가 제한적으로 이루어지는 대의민주주의 체제에서 언론은 시민 참여를 극대화하여 민주주의의 질을 한 단계 높여준다.

민주주의 사회에서 언론은 우리가 생각했던 것보다 많은 일을 한다. 오늘도 여러 언론이 이러한 역할을 열심히 해 준 덕분에 민주주의의 톱니바퀴는 큰 말썽 없이 돌아가는 것처럼 보인다. 그러나 이쯤에서 한번 생각해 보자. 과연 우리 언론은 정확한 정보를 제공하고 권력을 감시·견제하며 활발한 대화와 토론의 장을 형성하고 있을까? 그들은 '식견 있는 시민'을 배양하고 더 바랄 것 없는 민주주의를 가꾸는 이상적 언론이라고 자신 있게 말할 수 있는가? 우리가 현실에서 자주 만나는 것은 왜곡된 정보로 대중을 호도하고 불필요한 갈등을 부추겨 오히려 민주주의를 퇴보시키는 언론이 아닐까?

우리가 지금부터 살펴볼 내용은 이 같은 이상과 현실의 괴리에 관한 것이다. 오늘날 언론이 민주주의 사회의 기대와 이상을 어떻게 배반하고 있으며 주어진 역할에 얼마나 소홀한지를 구체적으로 살펴보고, 이러한 괴리 현상이 발생하는 원인을 진단한다. 현실을 이상에 가깝도록 바꾸어 나갈 아이디어는 이러한 진단을 바탕으로 가능해질 것이다.

2016년 아카데미 작품상을 받은 영화 〈스포트라이트〉는 가톨릭 사제들의 아동 성추행 스캔들을 폭로한 미국 일간지 〈보스턴 글로브〉 탐사보도팀의 실화를 다루고 있다. 탐사보도팀의 이름이기도 한 '스포트라이트'는 '심층취재', '집중취재'를 의미한다.

〈스포트라이트〉와 탐사보도 🔍 SEARCH

성직자들이 30여 년에 걸쳐 수많은 소년을 성추행했고 이들이 별다른 처벌을 받지 않았다는 사실을 알게 된 기자들은 끈질기게 진실을 추적한다. 낡은 신문기사를 찾고, 방대한 사제 명부를 일일이 조사하고, 법원이 공개를 금지한 기록을 찾아내고, 피해자들을 만나 인터뷰한다. 발로 뛰며 한 사람이라도 더 만나 한마디라도 더 들으려 애쓴다.

전체 인구의 절반 이상이 가톨릭을 믿는 보스턴에서 교회는 그 자체로 막강한 권력이다. 교회의 치부를 드러내려는 기자들의 시도는 매 순간 만만치 않은 저항과 반발에 부딪친다. 지역 사회의 평화와 발전을 위하여 사건을 덮으라는 압박이 들어오고, 기자의 가족조차 교회에 흠집을 내는 기사를 반기지 않는다. 그럼에도 기자들은 끝내 포기하지 않는다.

영화 속 편집국장은 스포트라이트 팀에게 일부 성직자의 일탈이 아니라 사실을 알고도 은폐하는 교회라는 '시스템'에 초점을 맞출 것을 지시한다. 개인의 문제로 '꼬리 자르기'를 하고 넘어갈 경우 시스템이라는 괴물 속에서 피해가 반복될 수 있기 때문이다. 마침내 스포트라이트 팀은 일련의 사건들이 추기경까지 개입된 시스템의 비호와 은폐 속에 벌어졌음을 밝혀낸다. 현실 속 스포트라이트 팀은 이 특종 기사로 2003년 퓰리처상을 받았다.

영화는 진정한 언론이라면 이 시대에 무엇을 해야 하는가를 진지하게 묻고 있다. 시민의 신뢰를 잃은 언론이 위기를 벗어나기 위해 집중해야 할 대안은 권력에 맞서 시스템의 부조리를 고발하는 탐사보도다. 탐사보도는 우리가 살고 있는 사회의 구조적 모순을 찾아내 집중적으로 파헤쳐 고발함으로써 사회 정의를 실현하고 변화의 실마리를 제공하는 뉴스를 말한다. 발생한 사실을 단순히 전달하는 데 그치지 않고 권력의 부패와 불의에 적극적으로 맞선다는 점에서 탐사보도는 민주주의의 파수꾼이라고 할 수 있다.

영화 〈스포트라이트〉의 한 장면. 뿌리 깊게 감춰진 시스템의 문제를 파헤치기 위해서는 진실을 끊임없이 추적하는 심층취재가 필요함을 여실히 보여준다.

2장

언론이 말하는
진실 혹은 거짓

'천재 수학소녀' 오보 해프닝 📻

2015년 6월 한 '천재소녀' 소식이 온 나라를 떠들썩하게 만들었다. 미국 한인 사회를 주요 독자로 하는 〈미주중앙일보〉는 버지니아의 한 고등학교에 재학 중인 한국인 여학생 김 모 양이 하버드대와 스탠퍼드대에 '동시 입학'하여 번갈아 다니는 전례 없는 특혜를 받게 되었다고 6월 2일 보도했다.

김 양이 발표한 수학 논문을 접한 두 대학의 교수들이 그녀의 천재성에 감탄하여 서로 자신의 대학으로 데려가기 위한 '스카우트 경쟁'을 벌였고, 결국 김 양이 두 대학을 나눠서 다니는 파격적인 방안에 합의했다는 것이다. 김 양은 전액 장학금을 받으며 스탠퍼드대에서 1~2년을 공부한 뒤 하버드대에서 나머지 대학 생활을 보낼 예정이라고 밝혔다.

국내 언론은 이 소식을 그대로 받아 대대적으로 보도했다. 많은 사람에게 선망의 대상인 미국 명문대를 놀라게 하여 한국인의 우수성을 널리 알린 천재소녀의 이야기는 충분히 독자들의 관심을 끌 만했다. 김 양은 한 라디오 인터뷰에서 "저 때문에 특별한 케이스를 만들어 주신 것으로 알고 있다"며 "졸업장은 제가 나중에 선택할 수 있고, 아마도 하버드 졸업장을 받을 것 같다"고 말했다. 김 양은 또 페이스북 CEO인 마크 저커버그가 직접 전화를 걸어와 페이스북 본사로

초청했다고 말하기도 했다.

그러나 두 대학을 번갈아 다니는 '동시 입학'이라는 듣도 보도 못한 제도는 아무래도 석연치 않은 것이었다. 많은 네티즌과 미국의 한인 학부모들이 인터넷에 의문을 제기하기 시작했고, 〈경향신문〉이 뒤늦게 '팩트체크'에 나섰다. 6월 10일 〈경향신문〉이 보도한 검증 결과는 충격적이었다.

김 양은 하버드대와 스탠퍼드대 어느 곳에도 합격한 사실이 없었다. 김 양이 공개한 합격증은 위조된 것이었다. 필적 감정 결과 두 대학의 합격증은 한 사람에 의해 작성된 것으로 드러났다. 김 양을 데려가려 경쟁을 벌인 것으로 알려진 두 대학의 교수들은 김 양의 이름을 들어 본 적도 없다고 밝혔다. 두 개의 대학에서 공부를 한 뒤 하나의 대학에서 졸업장을 받는 특별 전형은 아예 존재하지 않았다. 김 양의 이야기는 모두 거짓이었고, 김 양에 대한 수많은 언론사의 기사는 오보가 되었다.

김 양이 왜 그런 거짓말을 했는지는 명확히 드러나지 않았다. 사람들은 명문대에 들어가야 한다는 주변의 압박과 치열한 경쟁 속에서 극심한 스트레스를 받던 김 양이 자신의 상황을 과장되게 부풀리는 일종의 허언증을 앓게 되었을 가능성이 있다고 추측했다. 김 양의 아버지는 6월 11일 "사실이 아닌 내용으로 물의를 일으켜 진심으로 죄송하다"며 아이를 치료하고 돌보는 데 힘쓰겠다는 내용의 사과문을 내놓았다.

　이 사건에서 우리가 살펴봐야 할 것은 김 양이 거짓말을 한 이유보다 언론이 집단으로 오보를 하게 된 이유다. 처음 기사를 썼던 〈미주중앙일보〉의 객원기자는 평소 친분이 있던 김 양의 가족으로부터 두 대학이 보냈다는 합격 통보 편지, 교수들과 주고받은 이메일 등을 받아보았을 뿐 대학 측에 사실 확인 절차를 밟지 않았다. 다른 언론사의 특파원들 역시 이 허술한 기사를 확인 없이 그대로 받아썼다. 수많은 대형 언론사가 속아 넘어간 희대의 오보 해프닝은 이렇게 어이없이 만들어졌다. 병을 앓고 있었던 것은 김 양이 아니라 우리나라의 언론사들이었는지도 모른다.

정확하지 않은 사실을 전하는 언론

　언론은 흔히 세상을 보여주는 창(window)으로 비유된다. 우리는 맑고 투명한 유리창처럼 바깥세상을 있는 그대로 보여주는 언론을 기대한다. 많은 언론이 그런 역할을 자임하기도 한다. 그러나 실제 언론은 현실을 객관적으로 반영하는 창이 아니다.

　뉴스가 전달하는 세계는 언제나 현실 세계와 차이가 있다. 살아 움직이는 현실이 여러 사람의 손을 거쳐 언어나 영상으로 옮겨지는 과정에서 변질과 왜곡이 발생할 수밖에 없기 때문이다. 학자들은 결국 뉴스가 현실을 재료로 삼아 '구성된 것'이라고 말한다.

문제는 현실이 뉴스로 가공되는 과정에서 불가피하게 발생하는 왜곡이 아니라, 충분히 방지할 수 있는데도 뉴스를 만드는 사람들의 실수나 의도에 의해 발생하는 왜곡이다.

먼저 뉴스가 전달하는 사실이 실재(reality)와 다른 경우, 즉 잘못된 사실을 전달하는 경우가 있다. 흔히 '오보'라 부르는 보도이다. 우리가 뉴스에 기대하는 것은 정확한 '사실(fact)'이다. 재미있는 소설을 마다하고 뉴스를 읽거나 보는 것은 그것이 사실을 제공할 것이라는 기대 때문이다. 따라서 정확하지 않은 사실을 전달하는 보도는 그 자체로 언론의 기본을 망각한 것이며 언론의 신뢰도를 떨어뜨리는 결정적 요인이다.

하지만 언론의 역사에서 오보는 언제나 끊이지 않았다. 수많은 언론사가 집단적으로 오보를 냈던 세월호 참사 보도가 대표적 사례다. 세월호가 가라앉기 시작한 지 2시간 정도 지났을 때 언론들이 앞다퉈 내보냈던 '전원 구조' 속보는 '우리나라 언론 역사상 최악의 오보'로 기억되고 있다.

'1등 신문'을 자처하는 우리나라의 대표적 언론사가 평범한 시민을 아동 성폭행범으로 둔갑시키는 대형 오보를 낸 사건도 있었다. 〈조선일보〉는 2012년 9월 1일 자 신문 1면 머리기사에 전남 나주에서 벌어진 성폭행 사건 피의자라며 사진 2장을 실었다. 그러나 사진 속 인물은 잠자던 초등학교 1학년 여학생을 납치해 성폭행한 뒤 살해하려 한 흉악범과는 아무 관계도 없는 사람이었다.

애꿎은 사람을 졸지에 반인륜적 범죄자로 몰아넣은 배경에는 특종에 대한 욕심이 있었다. 〈조선일보〉 기자는 피의자의 이름과 나이가 같은 사람들의 SNS를 뒤지던 중 실제 피의자와 닮은 얼굴의 사진을 발견했다. 기자는 담당 경찰과 인근 주민들에게 사진을 보여주고 피의자가 맞는지를 물어보고 "맞다"는 답을 들었다. 그러나 기자는 이미 체포된 당사자에게 직접 확인하지 않았다. 마감 시간에 쫓겨 가장 중요한 절차를 밟지 않은 것이다.

〈조선일보〉는 이튿날 곧바로 정정보도와 함께 사과문을 실었지만 이미 종이신문과 포털사이트 등을 통해 수많은 사람이 해당 사진을 본 뒤였다. 〈조선일보〉에는 어쩌다 벌어진 실수에 불과했겠지만, 개그맨이 될 준비를 하던 사진 속 청년에게는 치명적인 사건이었다.

오보의 원인은 매우 다양하다. 기자의 선입견이나 능력 부족 때문에 제대로 취재를 못하는 경우도 있고, 거짓 제보 등 취재원의 속임수에 언론사가 속아 넘어가는 경우도 있다. 가장 많은 경우는 위의 사례처럼 마감 시간에 쫓겨 충분한 취재와 검증을 하지 못해 생기는 오보일 것이다. 그러나 마감 시간을 지키는 것보다 정확한 사실의 전달이 더 중요한 원칙임을 떠올린다면, 이 역시 핑계가 되기는 어렵다.

확인이 끝날 때까지 기사 출고를 미뤄도 되는데 왜 굳이 설익은 뉴스를 내보내는 걸까? 대개는 언론사 간의 속보 또는 특종 경쟁에서 앞서 나가려는 욕심 때문이다. 다른 언론사가 제공하지 않는 뉴스를 빠르게 전달하는 언론사는 더 많은 사람이 찾게 되고, 더 큰 사회적 영향력을 얻게 된다.

서구 언론과 비교할 때 철저한 확인과 검증의 취재 원칙이 뿌리내리지 않은 우리나라 언론의 윤리와 관행이 미치는 영향도 크다. 다양한 취재원들에게 교차 확인(cross-check)하는 과정을 강조하는 선진국의 언론에서는 우리보다 상대적으로 오보가 적다.

사실을 바꾸거나 조작하는 언론

사실과 다른 뉴스 중에는 실수에 의한 오보만 있는 것이 아니다. 언론사나 기자가 의도적으로 사실관계를 바꾸거나 조작하는 경우도 있다. 최악의 조작은 처음부터 없었던 일을 통째로 지어내 '소설'을 쓰는 경우다.

1980년 〈워싱턴포스트〉의 재닛 쿡(Janet Cooke) 기자는 마약에 중독된 8살 흑인 소년의 이야기를 다룬 '지미의 세계'라는 기사로 '언론의 노벨상'이라 할 수 있는 퓰리처상을 받았다. 가난과 범죄가 일상이 된 빈민가에서 고통받는 어린이의 삶을 그려 낸 이 기사는 엄청난 반향을 불러일으켰다.

그러나 이듬해 〈워싱턴포스트〉의 자체 조사 결과 지미와 그의 가족들은 모두 가공의 인물이었고, 기사는 날조되었다는 사실이 밝혀졌다. 〈워싱턴포스트〉는 즉시 쿡을 해고하고 퓰리처상을 반납했다. 사장이 직접 사과하고 1면부터 4개 면에 걸쳐 진상 보고서를 실었지만, 8년 전 '워터게이트' 사건 당시 치밀한 탐사보도로 대통령을 물러나게 만든 신문의 명성에는 이미 금이 간 뒤였다.

2003년에는 〈뉴욕타임스〉 기자 제이슨 블레어(Jayson Blair)가 상습적으로 가공의 이야기를 지어내거나 만나지 않은 취재원의 코멘트를 조작하고, 가보지 않은 현장을 묘사하는 기사를 쓴 사실이 자체 조사에서 드러나 해고당했다. 〈뉴욕타임스〉도 진상 조사 결과를 상세히 밝히고 편집국장이 물러나야 했다.

세계적으로 유명한 신문사에서 충격적인 사건들이 터지긴 했지만, 다행히 기자가 이야기를 완전히 지어내 기사를 쓰는 경우는 많지 않다. 하지만 의도된 메시지를 전달하기 위해 또는 기사의 효과를 극대화하기 위해 일부 사실을 지어내거나 과장하는 경우는 생각보다 많다. 여기에는 '현실을 가장 객관적으로 반영하는 수단'으로 인식되는 사진도 예외가 아니다. 포토샵 등 디지털 기술을 활용하여 사진을 교묘히 변형하는 일이 종종 벌어진다.

2010년 11월 23일 북한이 서해 연평도에 수십 발의 포격을 가해 적지 않은 장병들과 민간인들이 숨지거나 다친 '연평도 포격' 사건이 터지자 신문들은 24일 자 1면에 일제히 불타는 연평도의 사진을 큼지막하게 실었다. 때마침 연평도를 방문한 여행객이 찍어 언론사에 제공한 것으로, 포격을 당한 연평도에서 연기가 솟아오르는 사진이었다.

이상한 점은 동일한 사람이 찍어 제공했다고 믿기 어려울 만큼 신문마다 사진의 느낌이 전혀 달랐다는 것이다. 구도와 배치 등을 볼 때 거의 같은 시간, 같은 위치에서 찍었거나 아예 동일한 사진이었음에도 각 신문에 실린 사진의 분위기는 큰 차이가 났다.

〈한겨레〉와 〈경향신문〉의 사진 속 연평도가 내뿜고 있는 연기는 어두운 회색이었지만, 〈조선일보〉와 〈중앙일보〉의 사진 속 연기는 이와 비교할 수 없을 만큼 시커멓고 사진 전체의 색감도 전쟁터를 방불케 할 만큼 어두웠다. 북한의 도발에 대해 공격적인 논조를 가진 언론들이 북한에 대한 비판적 여론을 조성하기 위해 사진을 임의로 보정한 것이었다.

보도사진은 분명히 뉴스의 일부이며 사진을 손질하는 것은 잘못된 사실을 전달하는 조작 행위다. 보도사진의 보정을 엄격히 제한하는 해외의 언론사들은 더 선명하고 정확한 사진을 위한 작은 손질조차 허용하지 않는다. 사진의 주인공을 부각하기 위해 배경을 흐리게

한 보수언론에 실린 연평도 포격 현장 사진(위쪽)과 실제 사진(아래쪽).

처리하거나 사진 속 인물의 눈에 찍힌 '붉은 점'을 제거하는 것마저 조작으로 인식된다.

중요한 사실을 전하지 않는 언론

잘못된 사실을 전하는 것만이 왜곡보도가 아니다. 중요한 사실을 아예 빠뜨리고 전하지 않는 보도, 즉 무(無)보도 역시 왜곡보도라 할 수 있다. 사실관계에 거짓이 없다고 해서 뉴스가 진실이 되는 것은 아니다. 꼭 포함되어야 할 중요한 사실이 모두 들어가야 뉴스는 진실로 평가받을 수 있다.

천만 관객을 동원한 영화 〈택시운전사〉는 1980년 5월 광주의 끔찍한 참상을 세계에 알린 독일 기자 위르겐 힌츠페터의 이야기를 다루고 있다. 영화에는 민주화를 요구하는 시위를 벌이다 군부에 의해 고립된 광주 시민들이 취재를 위해 찾아온 푸른 눈의 외국인을 보고 환호하는 장면이 나온다.

당시 광주에서는 참혹한 학살이 벌어지고 있었지만, 외부에서는 이를 전혀 알지 못했다. 국내의 언론들이 일제히 침묵하고 있었기 때문이다. 언론은 광주의 시위에 대해 무보도로 일관하거나, 언급하더라도 불순분자들이 개입한 폭동이라고 매도하였다. 시민들의 요구사항이나 민간인의 희생 등 가장 중요한 사실에 대해서는 일절 보도하지 않았다.

1980년 5월 20일 〈전남매일신문〉의 기자들은 공동사직서를 제출했다. 이 사직서에는 "우리는 보았다. 사람이 개 끌리듯 끌려가 죽어가는 것을 두 눈으로 똑똑히 보았다. 그러나 신문에는 단 한 줄도 싣지 못했다. 이에 우리는 부끄러워 붓을 놓는다"고 적혀 있다. 국민의 눈과 귀를 막는 언론에 분노한 광주 시민들은 영화에서 보는 바와 같이 광주MBC 방송사 건물에 불을 질렀다.

'침묵하는 언론'은 1980년에만 있는 것이 아니다. 오늘날에도 중요한 사실을 일부러 전하지 않는 언론들이 있다. 권력의 눈치를 보기 때문이다. '힘을 가진 자들'이 더 많아지고 다양해지면서, 독재정권의 통제만 받던 언론은 이제 더 복잡하고 교묘한 통제를 받게 되었다. 오늘날 언론의 입을 다물게 하는 거대 권력은 자본이다. 언론은 막대한 광고비를 주는 기업의 비리와 불법행위, 산업재해 등 불리한 사실들을 거의 보도하지 않는다.

2007년 삼성그룹 전 법무팀장 김용철 변호사의 삼성 비자금 폭로 사건이 대표적인 예다. 당시 김 변호사는 기자회견을 열어 삼성이 천문학적인 비자금을 조성해 관리해 왔고 검찰 등 사회 곳곳에 전방위적 로비를 해 왔다는 의혹을 폭로했다.

우리나라를 대표하는 거대 기업의 어두운 뒷모습은 그 자체로 대형 뉴스감이었지만, 극소수의 언론을 제외한 대다수 언론은 김 변호사의 기자회견을 단신 기사 한 꼭지로 처리했다. 언론은 김 변호사를 공격하거나 삼성을 적극적으로 옹호하는 논평 외에는 별다른 취재나 보도 없이 침묵으로 일관했다. 언론에 대한 삼성의 영향력을 분명히 보여준 사건이었다.

언론의 무보도가 모두 권력의 눈치를 본 결과는 아니다. 여러 이유로 수많은 '사실'들이 '뉴스'가 되지 못한 채 사라진다. 언론이 보도하는 뉴스의 양은 제한되어 있다. 종이신문은 지면의 한계를, 텔레비전 방송은 시간의 한계를 가질 수밖에 없다. 뉴스를 만드는 데 동원되는 인력도 제한돼 있다. 무한정 뉴스를 만들기에는 기자의 수가 부족하다. 그래서 언론은 중요하다고 판단되는 사실만을 뉴스로 만들어 보도한다.

그러나 무엇이 중요하고 무엇이 중요하지 않은지에 대한 판단은 모호할 수밖에 없다. 판단의 권한을 가지고 있는 기자들은 때로는 그릇된 판단으로 큰 의미가 있는 사실을 보도하지 않은 채 넘어가기도 한다.

2002년 6월 13일 경기도 양주에서 두 여중생이 훈련을 위해 이동 중이던 미군 장갑차에 깔려 현장에서 숨지는 사건이 발생했다. 주한미군이 우리나라에서 범죄를 저질러도 미국 측이 재판권을 갖도록 규정한 한미 간 협정에 따라 운전병 2명을 처벌할 수도 없는 기막힌 상황이 벌어졌다. 이 사건은 시간이 흘러 그해 12월 대규모 반미 촛불집회가 벌어지는 계기가 되었다. 이른바 '효순이 · 미선이 사건'이다.

그러나 사건 직후 두 여중생의 죽음은 세상에 거의 알려지지 않았다. 언론이 사건 발생 사실을 보도하지 않았기 때문이다. 참사가 벌어진 2002년 6월은 한국이 '4강 신화'를 이뤄냈던 한 · 일 월드컵이 한창일 때였다. 언론사들의 관심은 국가대표팀의 경기에만 쏠려 있었고, 뉴스는 대부분 월드컵 소식으로 채워졌다. 이름 없는 두 여중생의 죽음은 언론사들이 판단하기에 '중요한 사실'이 아니었던 것이다. 여중생들의 억울한 죽음은 일부 인터넷 언론의 추적보도와 시민단체들의 노력으로 뒤늦게 이슈가 되었다.

편향된 시각에서 중요성을 판단하여 보도 여부를 결정하는 언론 때문에 힘없는 사람들의 이야기는 뉴스에서 찾아보기 쉽지 않다. 사회적 소수자의 목소리에 귀 기울이는 것이 언론의 의무지만, 실제 대다수 언론은 소수자의 삶에 관심이 없다.

지지율이 낮은 소수 정당의 정책이나 활동은 전하지 않으며, 서울에서 벌어지는 일에 비해 다른 지역에서 벌어지는 일은 훨씬 적게 소개된다. 힘 있는 사람들의 사소한 행동은 보도되지만 힘없는 사람들의 중요한 행동은 보도되지 않는다. 사람들의 관심과 영향력의 차이 때문이겠지만, 그러한 뉴스가 과연 현실을 정확하게 반영한 것인가에 대해서는 물음표를 던질 필요가 있다.

사실과 의견을 구분하지 않는 언론

언론이 지켜야 할 규범으로 자주 거론되는 원칙이 객관성(objectivity)이다. 언론에 대해 잘 모르는 사람들조차 "언론은 객관적이어야 한다"고 말한다. 어느 쪽 편도 들지 않고 주관적 해석이나 주장을 배제한 채 사실만을 보도하는 언론을 객관적 언론이라 할 수 있을 것이다.

언론은 사설이나 칼럼을 통해 특정 이슈에 대한 의견을 밝히기도 하지만, 그 외의 모든 뉴스에서는 순수하게 사실만 전달하는 객관적 태도를 지킬 것을 요구받는다. 그래서 영국의 한 언론인은 "논평은 자유지만 사실은 신성하다"는 유명한 말을 남겼다.

사실을 인식하고 전달하는 과정에서 기자의 해석과 가치 판단이 어느 정도 개입되는 것은 불가피한 일이다. 모든 사물은 누가 어느 관점에서 보느냐에 따라 다르게 보이기 때문이다. 가령 교사가 학생을 때린 사건은 해석에 따라 '사랑의 매'가 될 수도 있고 '구타'가 될 수도 있다. 기자가 자신의 주관을 100% 배제한 채 사실을 이해하고 전달하기는 여간 어려운 일이 아니다. 그런 점에서 완전히 객관적인 뉴스란 불가능한 것인지도 모른다.

하지만 그렇다고 해서 언론이 객관적 사실을 전달하기 위해 최선의 노력을 기울여야 한다는 원칙까지 변하는 것은 아니다. 완전한 객관성의 실현이 불가능하더라도 최대한 객관성에 가깝게 가기 위해 노력하는 것은 처음부터 객관성의 원칙을 포기하고 주관적인 뉴스를 추구하는 것과 큰 차이가 있다. 언론은 사실과 의견을 엄격하게 분리하고, 사실을 전달할 때는 최대한 주관적 가치 판단이 개입되지 않도록 애써야 한다.

그러나 언론의 현실은 이러한 원칙과 거리가 멀다. 우리나라의 언론에는 사실과 논평이 어지럽게 뒤섞여 있다. 자신의 이념이나 지향에 따라 입맛에 맞는 사실만을 취사선택하거나 강조하여 그것이 사실의 전부인 양 전달하기도 하고, 반대로 중요한 사실을 축소하거나 누락시키기도 한다. 한쪽 입장으로 과도하게 편향된 해석을 통해 재구성된 사실만으로 기사를 만들기도 하며, 서로 관련 없는 두 가지 사실을 서로 관련 있는 것처럼 연결하는 '악마의 편집'을 할 때도 많다.

객관적이어야 할 사실이 주관적 의견의 영향으로 변질되는 보도 방식은 한두 개 언론사만의 문제가 아니다. 보수와 진보 간의 정파 갈등이 극심한 오늘날 우리 사회에서 대다수 언론은 특정 정파를 대표하거나 그들의 입장을 대변하는 존재가 되어버렸다. 이것이 우리나라 언론 전반에 광범위하게 퍼져 있는 '정파성'이다.

물론 미국의 〈월스트리트저널〉이 보수, 프랑스의 〈르몽드〉가 진보 성향을 드러내듯 언론의 정파성이 그 자체로 특이하거나 문제가 되는 것은 아니다. 하지만 정파의 이해관계를 극대화하기 위해 '신성해

'야 할' 사실에 손을 댄다는 점에서 우리 언론의 정파성은 분명 문제가 있다.

각각의 언론사가 대립하는 사실들 가운데 자신의 정파에 유리한 사실만을 보여주거나 모든 사실을 자신의 정파에 유리한 방향으로 해석해 제시하다 보니 동일한 사건을 말하는 것이 맞나 싶을 정도로 상반된 보도가 이루어지기도 한다.

2015년 정부가 중·고교 한국사 교과서의 국정화를 추진해 논란이 불거졌을 당시의 일이다. 정부가 주도해 만든 하나의 교과서로만 학교 수업을 하도록 하는 국정교과서 정책을 놓고 언론의 보도는 극단적으로 엇갈렸다.

기존 역사 교과서가 좌편향되었다고 주장한 보수 성향의 〈조선일보〉는 새 교과서가 '북한에 의한 천안함 피격', '북한의 불법 남침', '1948년 대한민국 수립' 등의 현대사 서술을 통해 '균형 있는 역사관'을 보였다고 높이 평가했다. 반면 역사 해석의 다양성이 억압되고 국가에 의해 획일적 역사관이 강요된다며 국정화를 반대해온 진보 성향의 〈한겨레〉는 친일 세력과 박정희 전 대통령의 독재를 미화하는 교과서라며 혹독하게 비판했다. 같은 교과서를 놓고 극명하게 다른 보도를 한 것이다.

정파적 언론은 필연적으로 '외눈박이'를 만들어 낸다. 정파적 언론에 익숙해진 시민들은 세상 전체를 균형 있게 보지 못하고 자신이 보고 싶은 세상만을 보게 된다. 그러다 보니 진보와 보수 간의 거리는 점점 멀어지고 사회 갈등은 극단으로 치닫는다. 외눈박이 세상에서 왕따 당하는 '두눈박이'를 위한 언론이 시급하다.

소시지와 뉴스의 공통점은? 만드는 과정이 공개되지 않는다는 것이다. 우리는 평소에 많은 소시지를 먹고 많은 뉴스를 보지만, 접하는 것은 언제나 최종 생산물로서의 소시지와 뉴스일 뿐이다. 그것이 어떤 재료로 어떤 공정을 거쳐 만들어지는지는 알지 못한다.

뉴스는 어떻게 만들어질까? 🔍 SEARCH 🎙

실제로 뉴스를 만드는 언론사의 뉴스룸(편집국이나 보도국)은 요리를 만드는 주방 이상으로 비밀에 싸여 있는 곳이다. 광화문이나 상암동에 있는 큰 언론사 빌딩에서 분주히 일하는 기자들은 도대체 뭘 하고 있는 걸까? 세상의 사건 사고들이 뉴스로 만들어지는 과정을 간략히 살펴보자.

사건이 뉴스가 되기 위해 처음 만나는 사람은 당연히 기자다. 기자들은 사건이나 재난이 발생한 현장 등을 뛰어다니며 기사를 취재한다. 기자회견에 참석하거나 보도자료를 받기도 하고, 은밀한 정보를 건네주는 제보자를 만나기도 한다. 영상을 담아야 하는 방송 기자는 현장을 찾아가 마이크를 들고 카메라 앞에 서서 리포트를 하기도 한다. 기자들은 자유롭게 주변을 어슬렁거리다 어디서든 사건의 냄새를 맡으면 뛰어들어 취재하고 기사를 작성할까? 그렇지 않다. 기자들은 대부분 청와대, 국회, 경찰서, 정부 부처, 기업체 등 뉴스가 자주 발생하는 출입처에 상주하며 그곳에서 매일 발생하는 사건들을 뉴스로 만드는 임무를 맡고 있다. 그런가 하면 탐사보도팀, 기획취재팀 등의 이름으로 출입처에 얽매이지 않고 한 가지 이슈를 파고들어 장기간 취재하는 기자들도 있다.

이렇게 기자가 쓴 기사가 곧바로 우리 안방과 스마트폰으로 들어오는 것은 아니다. 대다수 언론사의 뉴스룸은 피라미드 형태의 조직이다. 기자가 작성한 기사는 '데스크'라 불리는 각 부서의 차장, 부장을 거쳐 편집(보도)국장의 승인까지 받아야 비로소 '뉴스'가 될 수 있다. 대부분의 기사들은 이 과정에서 수많은 '빨간 펜'의 수정과 첨삭을 받는다. 데스크는 현장의 기자가 작성한 기사를 검토하여 내용을 더하거나 빼고, 표현을 다듬는다. 사실관계를 확인하거나 추가 취재를 요구하기도 한다. 이 과정은 양날의 칼과 같다. 데스크들은 오랜 경험과 연륜을 가진 고참 기자들로 이뤄져 있기 때문에, 현장에 파묻혀 큰 그림을 보지 못하는 후배 기자가 놓친 점을 찾아내 기사의 완성도를 높여주기도 한다.

그러나 현장과 멀리 떨어져 있어 상황에 대한 이해가 부족한 데스크들이 '감 놔라 대추 놔라' 하다가 기사가 엉뚱한 방향으로 흘러가기도 한다. 그래서 현장 기자와 데스크는 기사의 내용과 방향을 놓고 수시로 토론을 벌이고, 때로 의견 차이로 다툼을 벌이기도 한다.

뉴스룸을 지휘하는 편집(보도)국장이나 본부장은 각 부서를 맡고 있는 부장들과 함께 매일 여러 차례 회의를 열어 그날 벌어진 사건들을 체크하고 중요한 뉴스와 덜 중요한 뉴스를 가려내며, 각각의 사건에 어떻게 접근할 것인지를 논의한다. 종이신문의 1면 머리기사, TV방송의 저녁 메인뉴스 톱기사가 이렇게 해서 결정된다.

언론사의 뉴스룸은 매일 밤늦게까지 불을 환하게 밝히고 있다. 그곳에서는 지금도 많은 기자가 밤사이에 들어온 뉴스를 처리하느라 열심히 키보드를 두드리고, 전화기 너머 누군가에게 소리를 지르고 있다. 뉴스룸 밖에서는 내일의 뉴스를 준비하는 기자들이 퇴근 시간도 잊은 채 취재원을 쫓아다니느라 바쁠 것이다. 그렇게 뉴스가 만들어진다.

3장

뉴스가
생각의 씨앗을
심는다

《1984》와 현실은 얼마나 다를까

영국의 작가 겸 저널리스트 조지 오웰이 1949년에 펴낸 소설 《1984》는 자유가 말살된 극단적 전체주의 사회의 모습을 섬뜩하게 그려 낸 고전이다.

소설 속 가상의 미래 국가 '오세아니아'는 절대 권력을 가진 '당'의 지배 아래 상징적 지도자 '빅 브라더'를 맹목적으로 숭배하고 모든 사람들이 스크린을 통해 24시간 감시를 받는 통제사회다.

주인공 윈스턴 스미스는 모든 정보를 통제하고 조작하는 정부기관인 '진리부'에서 일한다. 그는 글을 쓰는 것과 사랑의 감정을 느끼는 것이 금지된 사회에서 감시를 피해 일기를 쓰고, 같은 진리부에서 일하는 줄리아와 비밀리에 연애를 한다. 윈스턴은 반체제 지하단체에 가입하며 당에 대한 저항을 꿈꾸지만, 함정에 빠져 결국 체포되고 만다. 고문과 세뇌 끝에 윈스턴은 모든 인간적 가치를 포기하고 빅브라더에 진심으로 충성을 바치게 된다.

소설에서 윈스턴이 일하는 진리부는 사람들에게 정보를 전달한다는 점에서 언론과 유사한 역할을 담당하는 것처럼 보인다. 그러나 진리부는 사상 통제와 정신 개조를 목적으로 한다는 점에서 언론과 근본적인 차이가 있다. 진리부는 이름과 달리 당에 유리한 방향으로 과거의 역사를 날조하고 현재 벌어지고 있는 일에 관한 정보를 왜곡

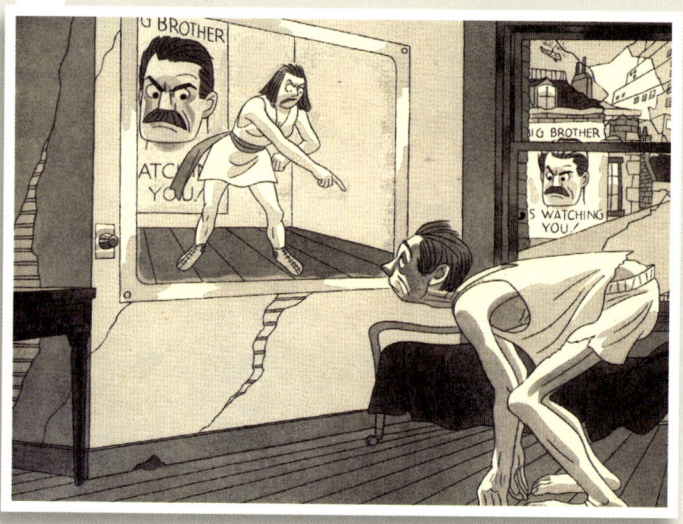

《1984》의 주인공 윈스턴 스미스가 텔레스크린 너머의 강사에게 아침 운동을
강요받는 장면. 소설에서는 눈길이 닿는 모든 곳에 텔레스크린이 설치돼 있어
사람들은 끊임없이 사생활을 통제받는다.

하여 국민들에게 주입한다.

오세아니아에서 당이 말하는 것은 무엇이든 진실이며, 당의 발표와 '다르게' 생각하고 느끼고 말하는 것은 엄격히 금지되어 있다. 모든 정보가 통제된 상태에서 당의 반복적인 선전을 듣는 사람들은 이를 무비판적으로 신뢰하고 수용하게 된다. 결국 사람들은 체제에 대한 불만이나 비판을 잊고 빅브라더에 진심으로 복종하게 된다. 이것이 바로 당의 독재 권력이 유지되는 비결이다.

북한을 비롯한 전체주의 국가가 아니라면 언론이 노골적으로 진리부와 같은 일을 하지는 않는다. 그러나 많은 학자는 소설 속 진리부와 현실 속 언론 사이의 거리가 생각보다 멀지 않다고 말한다. 언론은 사람들에게 특정 가치관을 주입하여 사회를 지배하는 권력에 자발적으로 복종할 것을 유도하며 이를 통해 기성 체제를 강화하는 역할을 맡고 있다는 것이다. 이러한 생각은 학자들의 과장일까. 과연 우리 언론은 《1984》의 진리부와 얼마나 다른가.

나는 내 생각의 주인인가

내 생각은 정말 내가 만들어낸 것일까?

누구나 지금 내 머릿속에 들어있는 생각들은 나 스스로 만들어 낸 것이라 믿는다. 그러나 가만히 생각해 보면 내가 태어났을 때 지금의 생각들은 내 안에 없었다. 생각은 몸처럼 가지고 태어나는 것이 아니라 갓난아기 때부터 지금까지 오랜 기간에 걸쳐 형성되는 것이다. 이 과정에서 사색과 성찰을 통해 스스로 생각을 창조하는 경우도 있지만, 대부분은 부모, 교사, 친구, 선배 등 주변의 영향을 받아 생각을 만들어 나간다.

사회도 내 생각을 형성하는 데 막대한 영향을 미친다. 어느 사회든 집단적으로 공유하는 가치관이나 사고방식, 신념 체계가 존재한다. '집안일은 여성의 몫이다', '조국과 민족에 충성해야 한다', '개인보다 집단이 중요하다'와 같이 특정한 가치를 당연한 것, 마땅한 것으로 규정하는 믿음들이다. 이들은 '상식'이나 '도덕'과 같은 이름으로 나도 모르는 사이 나의 정신세계에 들어와 생각의 틀을 지우고 행동의 기준을 만든다. 그리하여 내가 접하는 현실을 해석하고 그에 대한 태도와 행동을 결정하는 데 영향을 미친다. 이러한 사상, 가치, 관념을 이데올로기(ideology)라 부른다.

가령 우리 사회에는 남성은 용감하고 씩씩해야 한다는 이데올로기가 존재한다. 그래서 소꿉놀이를 하거나 쉽게 눈물을 흘리는 남자아이에게는 '사내답지 못하다'는 꼬리표가 붙는다. 남자아이들은 이러한 이데올로기 속에서 자라나는 동안 자신들에게 강요된 규범과 기대에 맞춰 성격과 행동을 바꾸어 나간다. 별로 좋아하지 않는 공놀

이를 하고, 눈물이 나도 억지로 참는다. 그렇게 사회가 바라는 틀에 맞는 남성이 '만들어진다'.

여성은 더 많은 이데올로기 속에서 살아간다. 우리 사회에는 날씬한 몸매의 여성이 더 아름답고, 외모가 아름다운 여성은 더 좋은 대접을 받을 자격이 있다는 그릇된 믿음이 퍼져 있다. 수많은 여성이 이러한 믿음 때문에 식사를 거르고 수술을 받으며 자신의 몸을 바꾸어 나간다. 미(美)의 기준은 다양하고 '날씬한 여성이 아름답다'는 생각이 누구에게나 당연한 것이 아닌데도 사회는 그것이 유일한 기준인 것처럼 말하며 다이어트를 해서라도 그러한 아름다움에 도달하라고 강요한다.

이처럼 사회는 우리 머릿속에 이데올로기를 집어넣어 세상을 특정 방식으로 바라보도록 만들고, 그에 맞는 판단과 행동을 하도록 유도한다. 판단과 행동의 방향은 대체로 권력을 가진 이들을 이롭게 만드는 쪽에 가깝다. 권력을 가진 이들은 아무래도 사람들에게 이데올로기를 전파할 수 있는 수단을 더 많이 가지고 있기 때문이다. 사회를 지배하는 이들은 지배받는 이들에게 이데올로기를 주입하여 그들이 자신의 이익에 반하는 행동을 하면서까지 자발적으로 권력에 복종하도록 만든다.

제2차 세계대전 당시 일본의 군국주의자들은 '대일본제국의 위대함'을 강조하는 국가주의 이데올로기를 앞세워 권력을 유지하고 국

"조작되는 자들이 자신의 자유의지로 행동하고 있다고 자신할 때 선동은 가장 잘 작동한다."
— 독일 나치 정권의 선전장관 파울 괴벨스

민들을 전쟁터로 내몰았다. 북한의 김씨 정권은 극단적 민족주의 이데올로기인 주체사상을 내세워 지도자를 우상화하고 3대째 독재 권력을 이어나가고 있다. '천황폐하 만세'를 외치며 폭탄이 장착된 비행기를 몰고 미군 함대로 돌격한 자살 특공대 '가미카제'의 젊은이나, 김정일 국방위원장의 사망 당시 부모를 잃은 듯 통곡하는 북한 주민 모두 '이데올로기의 포로'라고 할 수 있다.

그렇다면 우리는 과연 이데올로기로부터 자유로운가? 우리나라 사람이라면 삼성전자가 반도체 분야 세계 1위에 올라 높은 실적을 올렸다는 보도를 보면 왠지 모를 뿌듯함과 자랑스러움을 느낀다. 삼성그룹의 임직원이나 가족이 아니라면 내 이익과 별 관련이 없는데도 왜 그것이 반가운 일로 받아들여지는 걸까?

그런가 하면 많은 사람이 무상의료나 무상교육, 무상급식 정책 이야기만 나오면 "퍼주기식 복지를 하면 나라 살림이 거덜 난다"고 반대하고, 최저임금이 인상된다는 소식이 들리면 "기업에 부담이 된다"고 걱정한다. 가족 중에 누가 아프기라도 하면 당장 목돈 마련할 걱정을 해야 하고, 자녀가 최저임금 적용 대상인 아르바이트를 하고 있는 서민들조차 그렇다. 자신에게 직접 도움이 되고 당연히 환영해야 할 정책에 거부감을 느끼는 이유는 무엇일까?

그것은 우리 일상 곳곳에 이데올로기가 소리 없이 침투해 있기 때문이다. 내 생각의 진짜 주인은 내가 아닐 수도 있다. 그리고 내가 내 생각의 주인이 되지 못한다면 내 삶의 주인도 될 수 없다. 나도 모르는 사이에 나 자신이 아닌, 권력을 가진 이들을 위한 삶을 살게 될 수도 있기 때문이다. 그러므로 우리는 일상 속에서 무의식중에 받아들이고 있는 이데올로기를 찾아내고 진짜 내 생각을 만들어냄으로써 이데올로기의 족쇄에서 벗어나야 한다.

그러려면 자신에게 끊임없이 질문해야 한다. 우리가 옳다고 믿어 왔던 생각들은 과연 당연한 진리인가? 우리는 왜 그것이 당연한 진리라고 생각했던 걸까? 그 믿음을 누가 나에게 심어 놓았는가?

이데올로기를 실어나르는 뉴스

지배 세력이 사회에 이데올로기를 전달하고 배포하는 주요한 수단 가운데 하나가 바로 언론이다. 언론은 우리가 세상을 들여다보기 위해 쓰는 안경과 같다. 우리는 매일 이 안경을 쓰고 세상 곳곳을 구경한다. 안경이 볼록렌즈로 되어 있다면 물체가 실제보다 더 크게 보이고, 안경알에 붉은색이 입혀져 있다면 세상이 온통 빨갛게 보일 것이다. 그 안경을 반복해서 쓰다 보면 세상이 실제로 그렇게 생겼다고 믿게 된다. 그와 마찬가지로 일상 속에서 세상이 어떻게 돌아가는지를 수시로 알려주는 뉴스는 자연스럽게 세상에 대한 판단과 신념을 형성하는 역할을 한다.

권력을 가진 이들은 언론이라는 안경의 렌즈에 색을 입히거나 굴곡지게 만들어 사회 구성원들의 생각과 판단을 특정 방향으로 변화시킨다. 그 결과 우리는 사회의 기득권 세력이 바라는 대로 생각하고 행동하게 된다. 설령 그것이 나의 이익과 반대되는 것이라도 기성 체제와 권력을 그대로 유지하고, 변화가 줄어들기를 바라게 된다. 언론은 내 것이 아닌 생각을 내 머릿속에 집어넣어 내 삶의 주인을 내가 아닌 다른 누군가로 만든다.

뉴스에 숨어 있는 이데올로기는 어떤 것인지 한 번 찾아보자. 언론이 노동조합의 파업을 다루는 방식은 대체로 부정적이다. 대기업이나 금융권 노조가 파업하면 "귀족노조의 밥그릇 챙기기"라고 비난하고, 지하철이나 버스 노조가 파업하면 "시민의 발을 볼모로 삼는다"고 헐뜯는다. 이도 저도 아닌 경우에는 "장기간의 파업으로 수출에 직격탄을 날렸다"거나 "경제 지표에 빨간불이 켜졌다"며 국가 경제를 위해 파업을 중단하라고 꾸짖는다.

그렇다면 노동자들의 파업은 언론이 말하는 대로 언제나 나쁜 것일까? 파업은 헌법이 보장하는 노동삼권(단결권, 단체교섭권, 단체행동권)가운데 하나다. 노동조합을 만들고 파업하는 것은 모든 노동자에게 주어진 기본적 권리다. 비정규직 노동자든, 연봉을 많이 받는 노동자든, 시민의 삶에 필수적인 사업장에 근무하는 노동자든 이 권리를 행사하는 데 예외란 있을 수 없다.

언론의 지적처럼 노조의 파업이 국민경제에 악영향을 끼치는 경우도 있다. 그러나 그것이 모두 노조의 책임일 수는 없다. 파업은 고용주와 노조 사이의 협상이 실패했을 때 다른 수단을 갖지 못한 노동자들이 내린 선택이기 때문이다. 그렇다면 언론은 협상의 파트너로서 파업을 막을 수 있었던 고용주의 책임에 대해서도 말해야 한다. 업무가 중단되면 곧바로 경제에 악영향을 줄 만큼 중요한 일을 하는 노동자들이라면 왜 그들의 목소리에 더 귀를 기울이지 않는 걸까? 그것은 언론이 국민 대다수인 '노동자'가 아니라 '경영자'의 눈으로 세상을 바라보는 이데올로기를 담고 있기 때문이다.

언론이 오랫동안 주입해 온 이데올로기 때문에 노동조합이나 파업을 바라보는 국민들의 시선은 곱지 않다. 우리나라는 독일이나 프랑스 등 유럽 선진국들보다 노조 조직률이 낮고, 파업에 대한 여론이 차가운 나라다. 정리해고의 위기에 몰린 노동자들이 생존을 위해 벌이는 파업조차 '빨갱이 짓'이라며 욕하기 일쑤다. 나 자신이 노동자고 내 자식도 노동자거나 앞으로 노동자가 될 것이 분명한데도 '내일이면 저것이 나의 일이 될 수도 있음'을 인식하지 못하는 것이다. 이데올로기 때문에 지배 권력의 생각이 진짜 나의 생각인 것처럼 착각하게 된 결과다.

집회 · 시위에 대한 언론 보도에도 이데올로기는 숨어 있다. 촛불

2010년 4월, MBC 노동조합의 총파업 출정식. 노동조합을 만들고
파업을 하는 것은 모든 노동자에게 주어진 기본적 권리다.

집회를 비롯한 대규모 시위가 열리면 언론은 늘 질서와 안정을 강조한다. 집회가 사회 혼란과 불안을 초래한다는 것이다. 집회에서 벌어지는 폭력 사태를 부각하는 보도는 단골 메뉴이며, 주말 도심에서 열리는 집회가 교통 혼잡을 일으킨다거나 인근 상인들의 장사에 지장을 준다는 지적도 빼놓지 않는다.

권력은 본래 사람들이 모이는 것을 좋아하지 않는다. 언제든 자신의 힘에 도전할 위험이 있기 때문이다. 북한처럼 독재 권력이 지배하는 국가에 집회가 없는 것도 그런 이유에서다. 하지만 우리 헌법은 집회·결사의 자유를 기본적 권리로 보장하고 있다.

민주주의 사회를 살아가는 시민이라면 누구나 뜻이 맞는 사람들과 함께 모여 의견을 표현할 수 있는 권리를 갖는다. 특히 모여서 목소리를 높이는 것 외에 다른 수단을 갖지 못한 이들에게 이 권리는 무엇보다 중요하다. 집회가 누군가에게 잠깐의 불편함을 준다는 이유로 민주사회의 기본권을 포기하거나 자제하라는 언론의 요구에는 지배와 통제를 더 쉽게 하려는 권력의 욕망이 담겨 있다.

재벌에 관한 보도에는 어떤 이데올로기가 숨어 있을까? 재벌그룹의 총수가 부패 혐의로 수사를 받게 되면 언론도 덩달아 바빠진다. 곧바로 "한국 경제에 먹구름이 끼었다"며 우려의 목소리를 쏟아내고 재벌 감싸기에 나선다. 가혹한 수사와 리더십의 공백으로 대규모 투자나 주요 의사결정이 이루어지지 못한다는 볼멘소리를 하거나 "재

벌도 우리 사회의 고질적 병폐인 정경유착의 피해자"라며 '물타기'
를 한다.

　재벌 총수도 죄를 저질렀다면 벌을 받아야 한다. 경제에 미치는 영
향력이 크다고 법 앞에서 성역이 된다면 그것이야말로 '무전유죄 유
전무죄'다. 총수 개인의 이익을 기업 전체의 이익, 나아가 사회 전체
의 이익처럼 보이게끔 만드는 언론의 보도에는 재벌의 권력을 보호
하려는 이데올로기가 숨어 있다.

　강자를 위한 이데올로기는 넘쳐나지만, 사회적 약자를 위한 이데
올로기를 언론에서 찾아보기는 쉽지 않다. 언론에는 여성, 어린이,
청소년, 빈민, 비정규직, 동성애자, 다문화 가정, 이주노동자 등 사회
적 약자의 생각이나 이익을 보호하는 논리가 거의 등장하지 않는다.
1970년 노동자는 기계가 아니라고 외치며 스스로 몸에 불을 지른 전
태일 열사, 2011년 극심한 생활고에 시달리다 외롭게 숨진 시나리오
작가 최고은 씨의 경우처럼 충격적인 상황이 아닌 한 사회적 약자들
은 언론의 관심을 받지 못한다. 언론이 다루지 않으면 소수자의 삶은
사람들의 관심에서 차츰 멀어지고, 마침내는 현실에 존재하지 않는
것처럼 취급된다.

뉴스에 숨어 있는 프레임

언론이 뉴스를 통해 이데올로기를 주입할 때 주로 활용하는 전략이 '프레임(frame)'을 짜서 보여주는 것이다. 프레임은 '인식의 틀'이라고 해석할 수 있다.

우물 안 개구리는 우물 속에서 보는 하늘이 바깥세상의 전부라고 생각한다. 우물이라는 틀이 인식을 제한하고 있는 것이다. 마찬가지로 우리가 하나의 창을 통해서만 세상을 내다보게 된다면, 창문의 틀은 우리가 세상을 바라보는 범위와 모양을 한정 짓게 된다. 틀이 직사각형 모양이라면 세상은 직사각형이 되고, 별 모양이라면 세상도 별 모양이 된다.

언론이 하는 일은 이 창틀의 모양과 방향을 정하는 것이다. 즉 언론은 현실의 다양한 측면 가운데 특정 측면을 선별적으로 부각하고 다른 측면을 배제 혹은 축소함으로써 뉴스를 접하는 사람들의 생각 범위를 제한한다. 프레임은 단순히 이슈나 사건을 인지하는 수준에만 영향을 미치는 것이 아니다. 이슈에 대한 견해를 형성하고 문제의 원인과 해결 방식을 판단하는 데에도 영향을 미친다.

사회적으로 큰 이슈가 되었던 '강남역 살인사건'을 놓고 벌어진 프레임 갈등을 예로 들어보자. 2016년 5월 서울 강남역 인근의 노래방 화장실에서 한 남성이 "평소 여자들에게 무시를 당해왔다"는 이유로

수많은 시민이 강남역 입구에 마련된 강남역 살인사건 피해자 추모
공간에서 피해자의 죽음을 애도했다.

처음 보는 20대 여성을 잔인하게 살해한 충격적 사건이 벌어졌다. 언론이 이 사건을 바라보고 규정하는 방식은 크게 두 갈래로 나뉘어졌다.

진보언론은 이 사건을 대표적인 '여성 혐오' 범죄로 규정했다. 여성 차별이 만연한 우리 사회의 구조적 문제가 드러난 결과라는 해석이었다. 보도는 남성 중심 가부장제 사회의 문제를 성찰하는 데 집중됐다. 반면 보수언론은 범인이 평소 정신질환을 앓아왔다는 점을 강조하며 사건을 '개인적 일탈'로 규정했다. 여성 혐오와 선을 긋는 이러한 프레임 속에서는 정신질환자에 대한 엄격한 관리 문제가 강조되었고, 우리 사회의 여성 차별 문제에 대한 논의는 자연스럽게 배제되었다.

이처럼 진보언론과 보수언론은 동일한 사건에 대해 서로 다른 해석을 내놓으며 현실에 대한 상반된 관점과 접근을 제공했다. 사건을 프레임에 담아둠으로써 각자 자신들의 이데올로기를 전파했던 것이다.

잘 살펴보면 언론이 빈번하게 활용하는 '단골' 프레임들이 있다. 대표적인 것이 '종북' 프레임이다. 진보적 정치인이나 사회운동 단체에 '북한을 따른다'는 뜻의 종북 딱지를 붙여 공포와 혐오를 조장하고 이들의 영향력을 차단하려는 전략이다. 집회를 보도할 때는 '불법 집회', '폭력 시위' 프레임이 빠짐없이 등장한다. 집회에 종북 성향의

'외부세력'이나 '전문시위꾼'이 침투하여 조종하기 때문에 순수하지 않다는 프레임도 자주 이용된다.

전쟁을 치른 분단국가인 우리나라에서 북한과 연관되어 있다는 낙인은 그 자체로 끔찍한 형벌인 동시에 권력에 비판적인 사람들의 입을 다물게 만드는 효과적인 무기였다. 오래전 독재에 저항하는 이들에게 북한과 내통하는 '빨갱이'라는 누명을 씌워 억울한 옥살이를 시키거나 목숨을 빼앗는 일도 많았다. 아무에게나 종북 딱지를 붙이는 언론의 프레임은 이 같은 야만적인 역사를 되풀이하려는 위험한 행태다.

앞 장에서 우리는 언론이 현실을 있는 그대로 보여주는 투명한 창이 아니라는 사실을 확인했다. 여기서 한 발 더 나아가 언론은 지배 권력을 이롭게 하는 이데올로기를 전달하는 왜곡된 창이 되기도 한다. 우리가 이 창을 통해 보이는 세상이 진짜라고 믿을수록, 세상을 이해하기 위해 이 창에 의존할수록 이데올로기의 힘과 위험성은 커질 수밖에 없다. 우리가 뉴스를 늘 비판적으로 읽고 언론에 대한 의심의 눈초리를 거두지 말아야 할 이유가 여기에 있다.

쉬어가는 글

언론은 사실을 선별적으로 전달한다. 세상의 모든 사실을 전하는 것이 아니라 언론사가 볼 때 뉴스가 될 만큼 중요하다고 생각하는 사실만 전달한다. 그렇다면 어떤 사실이 뉴스가 되는 걸까? '뉴스'와 '뉴스가 될 수 없는 것'을 결정하는 기준은 무엇일까?

어떤 정보가 뉴스가 되기 위해 갖추어야 할 속성, 즉 뉴스의 기본 요소를 '뉴스 가치'라고 부른다. 어떤 정보가 뉴스 가치를 충족시킬수록 뉴스가 될 가능성이 높고, 뉴스 가치로부터 멀어질수록 뉴스가 되지 않을 가능성이 높다.

무엇이 뉴스가 되는가   SEARCH

그러나 뉴스 가치를 판단하는 기준이 명확하고 구체적으로 정해져 있는 것은 아니다. 뉴스 가치는 기자들이 오랜 경험 속에서 체득하는 것이다. 유능한 기자로 평가받기 위해서는 뉴스 가치를 빠르고 정확하게 판단해야 하지만, 기자들도 그 기준을 정확히 표현하지는 못한다. 다만 뉴스 가치를 말할 때 자주 거론되는 요소들은 있다.

먼저 '시의성'을 들 수 있다. 시간상 가까울수록, 최근에 일어난 사건일수록 뉴스가 될 가능성이 높다. 어제 일보다는 오늘 일어난 일이, 오늘 아침 일보다는 조금 전에 일어난 일이 뉴스 가치가 높다.

'근접성'은 공간적으로 가까울수록, 지리적으로 가까운 곳에서 일어난 사건일수록 뉴스가 될 가능성이 높다는 의미다. 멀리 아프리카에서 벌어진 큰 사건보다 가까운 중국이나 일본에서 벌어진 작은 사건이 뉴스 가치가 높을 수 있다.

사건의 주인공이나 관련 인물이 유명할수록 뉴스가 될 가능성이 높다는 '저명성'도 대표적인 뉴스 가치의 구성요소다. 피겨 스타 김연아는 대학에서 강의만 들어도 뉴스가 되지만, 내가 수업을 듣는 것은 뉴스가 되지 않는다.

전통적으로 언론은 '인간적 흥미'가 있어야 뉴스 가치가 있다고 보는 경향이 있다. 특이한 사실, 충격적이거나 끔찍한 사건, 감동적인 미담같이 인간이라면 누구나 가지고 있는 호기심을 자극해야 뉴스가 될 가능성이 높다. '개가 사람을 물면 뉴스가 되지 않지만, 사람이 개를 물면 뉴스가 된다'는 언론계의 오랜 격언도 그래서 나온 것이다.

그러나 기자들이 중요하다고 판단하는 정보는 정말 중요할까? 전통적인 뉴스 가치 판단의 기준은 기성 언론의 관습과 타성의 결과다. 이데올로기의 반영일 수도 있다. 낡고 편협한 기준 때문에 진짜 중요한 사건이 뉴스가 되지 못한 채 묻힐 수도 있고, 선정적인 뉴스가 마구 양산될 수도 있다.

최근 뉴미디어 환경에서는 뉴스 가치의 기준이 급변하는 조짐도 보인다. 새로운 시대의 기자와 뉴스 이용자들이 기존의 뉴스 가치에 물음표를 던지고 새로운 기준을 창출할 필요성이 커지고 있다.

4장

뉴스와 자본주의가
만났을 때

'상업화'란 무엇인가

'대학 주식회사'라는 말이 있다. 주식회사 형태로 소유 · 운영되지 않는 대학을 왜 '주식회사'라고 부르는 걸까? 여기에는 대학이 더는 '진리를 추구하는 학문 공동체'가 아니라 '돈벌이의 수단'이 된 현실을 비꼬는 의미가 담겨 있다. 오늘날의 대학은 더 이상 자유로운 지성인을 양성하고 불의한 현실에 경종을 울리는 상아탑이 아니다. 수익성을 최고의 가치로 여기는 하나의 비즈니스일 뿐이다.

대학은 더 많은 돈을 벌기 위해 등록금을 올리고, 더 적은 돈을 쓰기 위해 개설되는 강의를 줄인다. 단기적 이윤 창출에 도움이 되는 연구 프로젝트에는 많은 돈을 지원하지만, 성과가 가시적으로 드러나지 않는 기초과학이나 인문학 전공은 없애거나 축소한다.

민간 자본을 끌어와 비싼 돈을 받는 초호화 기숙사를 짓고, 프랜차이즈 커피전문점과 패스트푸드점, 대형 마트에 공간을 내주고 임대료를 벌어들인다. 기업이 대학을 인수하거나 CEO들이 대학 총장으로 오면서 변화는 한층 빠르고 강도 높게 이루어지고 있다.

변화하는 것은 대학만이 아니다. 오늘날 우리는 자본주의 사회에서 살고 있다. 자본주의는 인류에게 역사상 최고의 생산성과 풍요로움을 선물했지만, 무한경쟁과 물질만능주의라는 해악도 함께 가져왔다. 과거에는 돈으로 사고팔지 않던 것들을 하나둘 시장에서 교환하게 하고, 시장 논리와 무관하게 이루어지던 활동들을 시장 논리에 따라 움직이는 방향으로 바꾸어 나갔다.

자본주의 사회에서 흔히 발생하는 이러한 현상을 상업화(commer-cialization)라고 부른다. 상업화 개념에는 그 사물이나 활동이 기존에 포함하고 있던 고유의 가치와 질적 수준을 포기하면서까지 극단적으로 수익성을 추구한다는 의미가 깔려 있다. 변질과 타락에 대한 신랄한 비판과 반대 의지가 담겨 있는 것이다.

상업화는 다양한 영역에서 관찰할 수 있다. 스포츠가 상업화되면서 운동은 내가 직접 하는 행위가 아니라 선수들이 하는 것을 구경하는 행위로 바뀌었다. 음악이 상업화되면서 아이돌 그룹의 댄스 음악이 기형적으로 늘어나고 대중성이 떨어지는 장르의 음악은 급격히 위축되었다. 의료가 상업화되면서 불필요한 처방이나 시술이 늘어났고, 농업이 상업화되면서 농작물의 재배 방식이 대량 생산과 비용 절감에 유리한 방향으로 바뀌고 있다.

언론의 상업화

자본주의 경제 체제 안에서 운영되는 한 언론 역시 강력한 상업화의 흐름을 피해갈 수 없다. 위에서 정의한 상업화 개념대로라면 언론의 상업화는 언론이 과거보다 한층 더 시장 논리에 의존하게 되는 변화로 이해할 수 있을 것이다.

전통적으로 언론은 '두 얼굴의 야누스' 같은 존재였다. 언론은 공적 서비스를 수행하지만, 이윤을 추구하는 사기업의 형태로 운영된다. 즉 언론은 공적 이슈를 다루고 사회적 책임을 요구받는 공적 기관인 동시에, 수익을 올려 경제적으로 자립해야 하는 기업이다. 정부의 감독이나 간섭을 받지 않고 독립적으로 권력을 견제하기 위한 불가피한 선택이지만, 이중적 정체성 속에서 균형을 잡아야 하는 숙명적 과제를 안게 된 셈이다.

공적 책임에 지나치게 집중하여 수익을 올리지 못하는 언론사는 문을 닫아야 하고, 수익 추구에 몰두하여 공적 책임을 외면하는 언론사는 사회의 존경과 신뢰를 잃게 된다. 결국 두 마리 토끼를 모두 잡는 언론이 바람직한 언론으로 평가받게 된다.

거센 자본주의의 물결 속에서 언론이 상업화된다는 말은 이 같은 균형이 깨지고 있음을 의미한다. 언론은 이제 더 이상 시민에게 충성하고 사회적 책임을 다해야 한다는 규범에 얽매이지 않고, 하나의 돈벌이 수단으로만 인식된다. 다시 말해 뉴스는 '시민에게 얼마나 도움이 되는가'가 아니라 '얼마나 많은 돈을 벌어주는가'의 기준에 따라 선별되고 제작된다. 수익성이 부차적인 고려 대상에서 압도적으로 지배적인 기준이 된 것이다.

뉴스 콘텐츠의 변화는 언론의 상업화를 단적으로 보여주는 증거다. 뉴스는 이용하는 순간에는 지루하고 힘들지만 장기적으로 유익한 경성 뉴스(hard news)와 이용할 때 즉각적으로 즐거움을 주지만 장기적으로 별 도움이 되지 않는 연성 뉴스(soft news)로 구분할 수 있다. 정부의 정책, 거시경제의 흐름, 국제 정세 등 골치 아프고 복잡하지만 시민들이 꼭 알아야 할, 다시 말해 시민들에게 '필요한 것(needs)'이 경성 뉴스라면, 스포츠 관련 소식이나 연예 가십 등 자극적인 재미가 있어 시민들이 '원하는 것(wants)'이 연성 뉴스다.

"언론은 사람들이 알기를 원하는 것이 아니라 알아야 할 필요가 있는 것을 말해야 한다."

미국에서 많은 존경을 받았던 뉴스 앵커 월터 크롱카이트(Walter Cronkite)의 말이다. 언론은 경성 뉴스, 즉 시민에게 '필요한 것'을 전달하는 데 더 강조점을 두어야 하지만, 상업화의 흐름 속에서 현실은 정반대 방향으로 가고 있다. 오늘날 언론은 당장 사람들의 주의를 끄는 자극적이고 선정적인 연성 뉴스, 즉 시민이 '원하는 것'을 전달하는 데 집중하고 있다.

인터넷 포털사이트를 가득 덮고 있는 연예인 관련 소식들을 보면 이를 금방 알 수 있다. 물론 아이돌의 '공항 패션' 사진이나 전날 밤 예능 프로그램에서 화제가 된 연예인의 근황, 파파라치 매체가 밝혀낸 톱스타의 열애 스캔들은 호기심을 자극하고 보는 순간 즐거움을 준다. 그러나 이런 소식들은 나 자신의 생활이나 살림살이와는 별 관련이 없다. 언론은 우리 삶과 무관한 '환상 속 세계'의 소식을 전하는 데에만 몰두하고 있는 것이다.

점잖은 척하는 종이신문과 텔레비전 뉴스도 상업주의의 유혹과 연성 뉴스의 확산으로부터 자유롭지 않다. 언론이 전하는 사건 사고 뉴스는 차분하게 원인을 규명하고 재발 방지 대책을 고민하기보다 충격적 사실 또는 자극적 화면으로 순간적인 관심을 끌고 피해자의 기구한 사연을 발굴하여 보는 이의 눈물샘을 자극하는 데에만 집중한다. CCTV 화면을 통해 잔인한 교통사고나 폭력 장면을 반복해서 보여주기도 하고, 범죄 방법을 지나치게 상세하게 설명해 모방범죄를 낳기도 한다. 강력사건이나 성범죄 등이 유독 뉴스에 자주 소개되는 것도 흥미를 자극하기 위한 상업주의 전략과 무관하지 않다.

선거와 안보마저 돈벌이 수단으로 삼는 언론

언론의 상업주의가 심화되면 우리 삶과 사회에서 가장 중요한 가치들마저 수익 극대화의 도구로 삼는 경향이 있다. 앞서 언론은 정보를 제공하여 '식견 있는 시민'을 육성함으로써 민주주의가 유지되고 발전하는 데 기여한다고 했다. 대통령이나 국회의원 등 대표자를 뽑는 선거 때 언론은 관련 소식을 전하여 시민의 투표 참여를 독려하고 올바른 선택을 돕는 길잡이 역할을 할 책임이 있다. 그러나 상업화된 언론은 이런 기대를 배반하고 선거의 본질적 의미와는 무관한 보도에 몰두한다.

선거가 다가올 때 뉴스에서 어떤 이슈들을 주로 다루는지 생각해보자. 언론은 후보자의 정책·공약·철학·도덕성을 검증하기보다 여론조사 결과를 소개하며 어느 후보가 얼마나 앞서가고 있는지, 지지율을 높이기 위해 서로 어떤 비방전을 벌이고 있는지에만 집중한다. 어떤 후보자가 대표자로 바람직한가에 대한 논의보다는 어떤 후보자가 이길지, 판세 분석과 결과 예측에 정신이 없다. 이것이 오늘날 선거 보도의 문제점으로 자주 거론되는 경마식 보도(horse-race journalism) 행태다. 경주마들이 1위를 다투는 경마 시합을 중계하듯 선거를 보도한다는 이야기다.

선거 과정에서 벌어지는 주변적 사건들을 과도하게 부각해 선거의 본질을 흐리기도 한다. 2017년 대통령 선거에 출마한 유승민 후보의 딸이 아버지의 선거운동을 도우러 나선 이후, 그의 미모는 언론의 집중적 관심사가 되었다. 수많은 언론이 "아이돌급 미모"라고 칭송하며 그의 일거수일투족을 보도했다. 유 후보의 정책과 역량에 대한 관심은 상대적으로 적었다. '대중이 알고 싶어 한다'는 명분이었지만, 자녀의 외모는 공직자의 업무 수행 능력과 아무 상관이 없다. 대중이 '원하는 것'을 제공하는 것만이 언론의 소명은 아니다.

분단국가인 우리나라에서 상업적 언론은 전쟁 위험을 과장하거나 전쟁을 부추기는 보도로 사람들의 관심을 끌어 돈을 벌어들이기도 한다. 본래 전쟁은 언론에 호재다. 전쟁이 임박하면 불안해진 사람들이 뉴스에 귀를 기울이기 때문이다. 실제 전쟁이 일어나 포탄이 언론사 건물에 떨어지지 않는 한, 북한과의 긴장은 언론에 반가운 일일 수밖에 없다. 그래서 언론은 전쟁이 일어날 것처럼 과장하는 보도를 하게 된다. 이처럼 국민의 안전을 제물로 삼는 위험한 비즈니스 전략을 '안보 상업주의'라고 부른다.

종합편성채널과 보수언론은 평소에도 북한 관련 뉴스를 다수 배치하고, 북한이 미사일을 발사하거나 서해안에서 군사적 충돌이 벌어지면 특집을 편성해 관련 소식을 집중적으로 보도한다. 문제는 이러한 보도가 차분하고 신중하게 국민 안전을 지킬 대책을 짜기보다 냉전 논리에 따라 북한에 대한 강경한 태도만을 강조한다는 데 있다. 전쟁을 불사하더라도 북한을 단죄해야 한다는 무모한 주장이 대표적이다. 안보 장사로 언론사는 돈을 벌고 애국적 언론이라는 명분도 얻겠지만, 긴장과 위기가 증폭되어 발생한 피해는 고스란히 국민들에게 돌아간다.

인터넷에서 뉴스는 어떻게 상업화되는가 SNS

인터넷 포털사이트가 중심이 된 새로운 미디어 환경에서 언론의 상업화는 한층 다양한 양상으로 전개되고 있다. 2015년 미국의 우주 탐사선 뉴호라이즌스호가 명왕성에 역사상 가장 가까이 다가갔다는 소식이 화제가 되었다. 한 인터넷 언론사는 이 소식을 전하며 기사 끄트머리에 "모델 겸 배우 유승옥이 이 소식을 듣고 놀라움을 감추지 못했다"는 문장을 덧붙였다.

이 매체는 비슷한 시기 태풍 낭카가 북상하자 '모델 유승옥의 태풍을 압도하는 완벽한 몸매'라는 제목으로 유승옥의 사진을 첨부했다. 우주탐험가도, 기상캐스터도 아닌 유승옥이 왜 난데없이 우주선이나 태풍 관련 기사와 묶이게 된 것일까.

'기-승-전-유승옥'의 비밀은 포털사이트의 실시간 검색어에 있다. 포털에 뉴스를 제공하는 언론사들은 자사의 기사가 검색 결과의 최상단에 노출되는 데 혈안이 되어 있다. 그래야 검색 이용자의 클릭을 받을 확률이 높아지고, 클릭을 많이 받아야 페이지뷰(Page View)를 기준으로 책정되는 광고를 비싸게 유치할 가능성이 커지기 때문이다. 즉 포털에서 얼마나 많은 네티즌의 클릭을 받는가는 언론사의 수익에 직접 연관되는 문제다.

그래서 언론들은 네티즌의 관심이 모이는 실시간 인기검색어를

92

포함한 기사를 집중적으로 쏟아낸다. 여기에 클릭이 보장되는 유승옥이라는 키워드가 함께 삽입되면 검색 결과에 노출될 가능성이 커지고 페이지뷰가 한층 더 늘어난다. 유승옥이 실시간 검색어와 아무 연관성이 없더라도 끼워 맞추면 된다. 그 결과 뉴스의 의미와 가치가 손상되더라도 문제가 되지 않는다. 중요한 것은 뉴스의 품질이 아니라 수익의 극대화이기 때문이다.

　클릭 수를 늘리기 위한 언론사들의 눈물겨운 노력은 이뿐만이 아니다. 한 인터넷 신문은 교통사고로 사망한 여배우의 이름이 실시간 검색어에 오르자 해당 배우가 과거 비키니 수영복을 입고 찍었던 사진을 강조한 기사를 올렸다가 호된 비판을 받기도 했다.

　그런가 하면 기사 끝부분에 인기검색어를 의미 없이 나열하는 기사들도 있다. 검색어를 여러 번 포함하면 검색 결과 최상단에 노출될 확률이 높아지기 때문이다. "이 소식을 접한 네티즌은 ~ 등의 반응을 보였다"는 식의 별 내용 없는 '네티즌 반응'이 기사에 따라붙는 것은 이 때문이다. 이 내용은 실제 네티즌의 반응을 기자가 취재한 결과가 아니라 검색어 순위에 오른 단어를 조합해 아무 말이나 지어낸 결과다.

　가장 악명 높은 유형은 클릭 가능성이 높은 기사를 포털사이트에 반복적으로 전송하는 어뷰징(abusing)일 것이다. 검색 결과의 최상단에 지속적으로 노출되기 위해 이미 전송한 기사를 제목과 내용만 미세하게 바꾸어 다시 전송하거나 아예 토씨 하나 바꾸지 않고 동일한 내용의 기사를 복사해 붙인 뒤 재전송하는 것을 어뷰징이라고 한다. 물론 목적은 클릭 수를 늘리는 데 있다. 그 결과 함량 미달의 무의미한 기사가 넘쳐나면서 '공론장'이 되어야 할 인터넷 공간은 '쓰레기장'으로 바뀌고 있다.

실시간 인기검색어에 의존하지 않을 때는 제목을 자극적으로 달아야 클릭을 한 번이라도 더 받을 수 있다. 포털 메인화면에 '충격', '경악', '아찔', '결국…' 등 시선을 끄는 단어가 제목에 무분별하게 포함된 뉴스들이 유독 눈에 많이 띄는 이유다. 정작 클릭해보면 별 내용이 없거나 제목과 내용이 아무 관련이 없는 경우도 많다. 이들이 이른바 '낚시성' 기사들이다.

취재한 내용도 아니고 가치 있는 정보도 담겨 있지 않은 이러한 기사들에는 대개 기사를 작성한 기자의 이름이 소개되어 있지 않다. 본래 기사 끝부분에는 기사를 쓴 기자의 이름을 소개하는 '바이라인'이 붙기 마련이다. 그러나 어뷰징이나 낚시를 위한 기사들은 기자 이름 없이 'ㅇㅇ닷컴', '온라인뉴스팀', '디지털뉴스팀' 등의 바이라인을 달고 있다. 실제 대개의 언론사들은 계약직 인턴이나 아르바이트생을 고용하여 단기간에 쓰레기 기사를 대량생산하는 방식을 택하고 있다.

상업 언론의 역사 📰

언론의 상업화가 최근의 새로운 현상은 아니다. 언론학자들은 상업 언론의 뿌리를 19세기 초 미국에 등장한 '페니 프레스(penny press)'에서 찾고 있다. 1833년 뉴욕에서 발행된 〈뉴욕 선〉은 엘리트들을 대상으로 한 정치적·이념적 수단이었던 기존 신문과 완전히 다른 성격의 신문을 선보였다.

〈뉴욕 선〉은 가난한 노동자 대중이 쉽게 신문을 사 볼 수 있도록 '페니'라 불리던 1센트로 가격을 대폭 낮추었다. 또한 정책 이슈나 이념 논쟁 등 어려운 기사를 없애고 살인, 폭력 등 범죄 뉴스나 감동적인 미담 기사, 진기한 이야기 등 인간적 흥미를 자극하는 기사들만 실었다.

독자들의 이목을 집중시키기 위해 거짓말로 지어낸 기사를 쓰기도 했다. 대형 망원경으로 달을 관측했더니 인간과 비슷하게 생긴 외계인들이 살고 있더라는 황당한 기사를 일주일 동안 연재하기도 했다. 기사에는 날개 달린 달나라 사람의 그림까지 곁들여졌다. 오늘날 유행하는 '가짜 뉴스'의 원조인 셈이다.

1890년대에는 두 신문 간의 치열한 경쟁이 상업화를 부채질했다. 윌리엄 허스트가 발행하는 〈뉴욕 저널〉과 조지프 퓰리처가 발행하는 〈뉴욕 월드〉 간의 전쟁이 바로 그것이다.

이들은 기사 헤드라인을 크게 뽑고 대문짝만한 사진과 그림을 신는 등 과감한 편집으로 독자들의 눈길을 사로잡았다. 남편을 살해한 여성이 전기의자에서 사형당하는 장면을 몰래 찍어 1면 전체에 싣는 등 자극적 보도도 여전했다. 당시 신문에 연재됐던 만화에는 노란 셔츠를 입은 꼬마 캐릭터가 등장하여 인기를 끌었는데, 이 때문에 지금까지도 선정적 보도를 일삼는 언론을 일컬어 '황색 언론(yellow journalism)'이라 부른다.

1900년대에 접어들면서 선정적인 대중 신문의 시대가 저물고 권위 있는 탐사보도 언론들이 그 자리를 대신했다. 그러나 20세기 중반 미디어 산업이 고도로 발달하면서 상업화는 다시 심해지는 추세다. 시장을 독과점하고 뉴스 생산을 주도하는 거대한 매스미디어 기업들은 노골적으로 광고를 통한 이윤 극대화에 집중하면서 언론으로서의 공적 책임을 외면하고 있다.

미국의 언론학자 맥체스니가 쓴《부유한 미디어, 가난한 민주주의(Rich Media, Poor Democracy)》라는 책의 제목처럼, 언론사들은 점점 풍요로워졌지만 민주주의는 갈수록 앙상해지고 있다. 특히 1980년대 이후 전 세계를 휩쓴 신자유주의 경제 질서의 확산은 상업주의의 흐름을 한층 가속하는 중이다.

NEWS

신문경영자 윌리엄 랜돌프 허스트(William Randolph Hearst)의 〈뉴욕 저널〉1897년 2월 12일 자에 실린 삽화(왼쪽)와 조지프 퓰리처(Joseph Pulitzer)의 〈뉴욕 월드〉1898년 2월 17일 자 1면(오른쪽). '황색 언론'이라는 개념은 두 신문 사이에 벌어졌던 선정성 경쟁에서 연유한 다. 특히 허스트의 언론사는 스페인을 공격하는 선동적인 기사를 쏟아내 미국–스페인 전쟁을 일으키는 주요 원인이 되기도 했다.

신자유주의 시대의 상업 언론

　신자유주의는 시장 원리를 다른 어떤 가치와 질서보다 우위에 두
는 경제 이념으로, 시장에 가능한 한 많은 것을 맡기고 정부의 개입은
최소화할 것을 주장한다. 세계 경제가 신자유주의 질서의 일방적 지
배를 받게 되면서 자본주의는 맹렬히 질주하는 '폭주기관차'가 되고
있다. 신자유주의는 사회 모든 곳에 시장 경쟁의 논리를 강요하며 그
간 시장 원리가 적용되지 않았던 공공 영역을 파괴해나갔다. 앞서 이
야기한 대학을 비롯해 의료, 통신, 철도 등이 그 희생양이 되고 있다.

　신자유주의의 물결 속에서 언론이 예외가 될 수는 없었다. 언론사
의 소유 집중을 규제하는 논리나 바람직한 언론을 규정하는 기존의
윤리들이 설득력을 잃어가기 시작했다. 오늘날 세계인이 보는 뉴스
는 규제 완화와 함께 방송, 영화, 신문, 출판 등 다양한 미디어 영역에
문어발식으로 진출한 극소수의 독점적 글로벌 미디어 그룹들이 만
든 것이다. 이들이 공통적으로 옹호하는 것은 민주주의가 아니라 자
신들의 이윤과 권력이다. 1997년 IMF 외환위기 이후 신자유주의 질
서를 적극적으로 받아들이기 시작한 우리나라에서도 언론은 극단
적인 상업화의 길을 걷고 있다.

　언론이 최대한 돈을 많이 벌기 위해 애쓰는 것을 그 자체로 비난하
거나 부정할 수는 없다. 자본주의 경제 체제 안에 있는 한 언론사도

돈을 벌어야 기자들에게 생계를 이을 월급을 줄 수 있고 미래를 위한 투자도 할 수 있다. 그러나 뉴스를 생산하는 언론사는 자동차나 비누를 생산하는 일반 기업체와 사회적으로 다른 의미를 갖는다. 뉴스는 우리의 의식세계와 관련된 것이기 때문이다.

언론이 상업적 목적 때문에 공적 역할을 포기하는 것을 당연시할 때, 언론만이 아니라 우리의 정신세계도 함께 병들게 된다. 언론사가 순전히 돈을 벌기 위한 목적만으로 뉴스를 생산하는 극단적 상황을 경계하고 반성해야 할 필요성이 여기에 있다.

2016년 3월 구글 딥마인드가 개발한 인공지능 (Artificial Intelligence) '알파고'와 이세돌 9단이 벌인 불꽃 튀는 바둑 대결은 인공지능이 인간 고유의 영역을 넘보고 있다는 사실을 우리에게 분명히 각인시켰다. 로봇의 거침없는 진격은 언론에서도 예외가 아니다. '로봇 저널리즘'이 최근 언론계의 뜨거운 감자가 되고 있다.

로봇 저널리즘  SEARCH

로봇 저널리즘이라고 해서 영화에 나오는 사람 형태의 로봇이 키보드 앞에 앉아 기사를 쓰는 것을 상상하면 곤란하다. 로봇 저널리즘은 뉴스의 취재, 작성, 편집, 유통 과정 중 일부를 컴퓨터 알고리즘으로 대체하여 자동화하는 것을 말한다. 이 중에서도 알고리즘에 의한 자동 뉴스 작성이 많이 시도된다. 증권 시황, 기업 실적 발표, 교통 상황, 날씨 예보, 스포츠 경기 결과 등 숫자가 중심이 되고 기사의 포맷이 정해진 분야에서 활발히 이용된다.

인공지능 선진국인 미국에서 로봇 저널리즘은 낯설지 않다. 오토메이티드 인사이츠 (Automated Insights)사가 개발한 '워드스미스(Wordsmith)'라는 솔루션을 기반으로 생산된 기사는 2015년 15억 건에 이른다. 2020년대 중반이 되면 전체 기사의 90% 정도를 로봇이 작성하게 될 것이라는 전망도 있다. 국내에서도 증권 시황이나 스포츠 기사를 로봇이 작성하고 있다.

로봇의 글솜씨는 인간의 글쓰기 수준 못지않다. 2015년 국내에서 로봇이 쓴 스포츠 기사를 놓고 일반인 600명과 기자 164명을 대상으로 누가 썼는지를 알아맞히는 실험을 해본 결과, 일반인의 81.3%, 기자의 74.4%가 '인간 기자'라는 답을 내놓았다. 로봇은 이러한 기사를 1초 남짓한 시간에 수천 개씩 쓸 수 있다.

미래에는 로봇이 인간 기자들의 일자리를 빼앗게 될까? 상업적 목적에서 질 낮은 기사만 생산하고 보도자료를 그대로 베끼는 지금의 언론 현실이라면 그런 날이 오지 않는다고 장담할 수 없다. 하지만 로봇의 시대에도 여전히 인간의 손을 거쳐야 하는 뉴스들이 있다.

로봇은 단순히 데이터를 가공하는 뉴스를 제작하는 데는 효과적이지만, 사건 속에 살아 숨 쉬는 인간의 감정을 느끼고 전달할 수는 없다. 사건의 이면을 들여다보고 심층적인 해설을 제공하는 기사나 권력을 비판하여 민주주의를 보호하는 탐사기획 기사를 쓰는 것은 로봇에게는 능력 밖의 일이다. 단순한 사실 전달의 임무는 로봇에게 맡기고, 인간 기자는 언론 고유의 역할을 수행하는 데 집중하는 것도 로봇 저널리즘 시대에 생각해볼 수 있는 대안이다.

5장

권력과 언론, 멀고도 가까운 사이

'살인마'에서 '황제 폐하'가 되다

유럽 대륙을 호령하던 나폴레옹이 러시아 원정에 실패하고 황제의 자리에서 쫓겨난 뒤의 일이다. 엘바섬으로 유배를 갔던 나폴레옹은 호시탐탐 기회를 노리다 1815년 3월 마침내 파리로 돌아와 빼앗긴 권력을 되찾는다. 재미있는 것은 나폴레옹이 엘바섬을 탈출해 민중들의 열렬한 환영을 받으며 파리에 입성할 때까지 2주 동안 프랑스 언론이 보여준 변화다.

3월 9일 파리의 일간 신문 〈르 모니퇴르 유니버설〉의 기사 제목은 '살인마, 소굴에서 탈출하다'였다. '살인마'는 당연히 나폴레옹을 가리키는 것이었다. 뒤이어 10일 '코르시카의 마귀, 상륙하다', 11일 '호랑이, 항구에 도착하다', 12일 '괴물, 그르노블에 머무르다'까지 신문들은 계속 나폴레옹을 흉측한 악마로 묘사했다. 그러나 나폴레옹의 군대가 조금씩 파리에 가까워질수록 신문의 헤드라인은 변해갔다.

13일 '폭군, 벌써 리옹을 돌파하다', 18일 '찬탈자, 파리에서 60마일 거리에 도착하다'까지 부정적 태도를 보이던 신문들은 19일 '보나파르트, 빠른 걸음으로 진군', 20일 '나폴레옹, 파리 입성 예정'에서 중립적인 입장으로 바뀌었고, 마침내 21일 '황제 나폴레옹, 퐁텐블로 궁에 도착하시다'라며 처음과는 180도 다른 태도로 바뀌었다. 22일에는 '높고도 귀하신 황제 폐하, 파리 튈르리 궁에 돌아오시다'라며 비굴하게 아첨하는 모습까지 보였다.

나폴레옹이 '살인마'에서 '높고도 귀하신 황제 폐하'가 되기까지 바뀐 것은 오로지 그가 가진 권력의 크기뿐이었다. 파리의 언론은 나폴레옹의 권력이 강해질수록 그에게 고개를 숙였다. 지중해 외딴섬의 죄수가 눈 깜빡할 사이에 프랑스의 황제가 되는 바람에 권력 앞에 흔들리는 언론의 나약한 모습이 노골적으로 드러난 것이다.

널리 알려진 것처럼 나폴레옹이 다시 찾은 권력은 '백일천하'로 끝나고 말았다. 나폴레옹은 그해 6월 워털루에서 영국의 웰링턴 장군이 지휘하는 유럽 연합군에게 패했고, 머나먼 세인트헬레나섬으로 귀양 가 1821년 쓸쓸히 일생을 마쳤다. 물론 프랑스 언론은 더 이상 그에게 '높고도 귀하신 황제 폐하'라는 찬사를 보내지 않았다.

권력과 언론의 관계

권력과 언론 사이의 바람직한 관계를 흔히 '불가근불가원(不可近不可遠)'이라 표현한다. '너무 가까이 해서도, 너무 멀리해서도 안 된다'는 뜻이다. 권력과 적이 될 수도, 친구가 될 수도 없는 언론의 딜레마다.

권력과 담을 쌓거나 멀리한다고 해서 좋은 언론이 되는 것은 아니다. 권력에 가까이 다가가 자세히 보고 세밀히 살피지 않으면 권력의 치부를 알 수 없기 때문이다. 하지만 권력에 지나치게 가까이 다가갔다가 권력의 향기에 취하게 되면, 자세히 보더라도 비판은 불가능해진다.

적절한 거리에서 건강한 긴장 관계를 유지하는 것이 권력 앞에서 언론이 취해야 할 숙명적 태도다. 매일 얼굴을 마주치는 사람과 서로 경계하는 것은 여간 불편한 일이 아니다. 하지만 언론은 권력 앞에서 늘 뾰족해야 한다. '감시견'의 주인인 시민이 언론을 권력 옆에 둔 이유가, 언론 본연의 역할이 바로 그것이기 때문이다.

90세의 나이까지 현장을 누빈 미국의 '할머니 기자' 헬렌 토머스는 1960년부터 2010년까지 50년간 백악관을 출입한 '기자실의 전설'이었다. 그는 언제나 백악관 브리핑룸의 맨 앞줄에 앉아 거침없고 날카로운 질문을 쏟아내 대통령과 대변인을 쩔쩔매게 만들었다. 한 백악관 대변인은 매일 토머스의 깐깐한 질문을 받는 것이 '고문'이었다고 고백할 정도였다.

존 F. 케네디부터 버락 오바마까지 무려 10명의 대통령을 취재했던 토머스 기자는 "취재하기 쉬운 대통령은 없었다. 어느 대통령도 언론을 좋아하지 않았다"면서 그럼에도 "기자라면 도전적인 질문으로 대통령을 작게 만들어야 한다"고 말했다. 언론은 민주주의 사회에서 권력자에게 질문을 던지고 책임을 물을 수 있는 유일한 기관이기 때문이다. 그는 "사랑받고 싶거든 기자가 되지 말라"는 유명한 말을 남겼다.

끊임없이 권력을 물고 늘어지는 언론은 예로부터 권력자들이 가장 두려워하는 존재였다. 나폴레옹은 황제에 등극한 뒤 73개의 파리 신문을 4개만 남겨놓고 모두 없애버렸다. 그런데도 여전히 언론에 대한 두려움을 가지고 있었는지 그는 이런 말을 남겼다.

"적대적인 신문 4개가 1만 자루의 총검보다 더 두렵다."

그러나 언론이 언제나 이러한 이상을 실현해왔던 것은 아니다. 권력은 끊임없이 언론을 손에 넣고 자기 마음대로 부리려 한다. 언론만 장악하면 국민의 눈과 귀를 가려 권력을 유지하기가 한결 수월해지기 때문이다. 권력과 타협하지 않는 언론은 민주주의의 훌륭한 수단이지만, 권력에 복종하는 언론은 편리한 지배의 도구가 된다. 역사를 되돌아보면, 권력에 너무 가까이 다가가 결국 그들의 손발이 되어버린 부끄러운 언론들을 만나게 된다.

권력에 굴종했던 언론

오늘날과 같은 민주주의 체제가 자리 잡기 전까지 우리나라는 오랫동안 엄혹한 독재 정권 시대를 겪어야 했다. 이 시기는 언론에게도 기나긴 암흑기였다. 독재 권력은 자신을 향해 힘차게 짖는 '감시견'

이 아니라 비굴하게 꼬리를 흔드는 '애완견'을 원했다. 어떠한 비판과 견제도 허락되지 않는 상황에서 언론은 권력 앞에 무릎 꿇어야 했고, 할 말을 하지 못한 채 숨죽여야 했다.

언론에 대한 권력의 위협은 1948년 대한민국 정부 수립 직후부터 시작됐다. 이승만 정권은 정치 깡패들을 동원해 언론인들에게 테러를 가하거나 신문 배포를 물리적으로 막는 직접적 탄압을 가했다. 비판적 논조의 〈동아일보〉는 무기정간을 당했고, 〈경향신문〉은 아예 폐간당했다.

1961년 집권한 박정희 정권은 진보 성향의 〈민족일보〉를 폐간시키고 사장을 사형에 처했다. 1972년 영구집권을 위한 유신을 선포한 뒤로는 정권에 대한 일체의 비판을 금지하며 언론의 입을 막아버렸다. 언론은 '권력의 시녀', '권력의 나팔수'로 전락했다.

1980년대 전두환 정권은 더욱 강력하게 언론을 통제했다. 언론 통폐합을 통해 172종의 정기간행물을 강제 폐간시켰다. 말을 듣지 않는 언론사를 없애버리고 언론사 관리를 손쉽게 하기 위함이었다. 이 과정에서 1,000명이 넘는 언론인이 강제 해직당했다.

정부는 모든 보도를 사전 검열했고, 매일 '보도지침'을 내려보내 특정 사안을 보도할지 말지, 얼마나 크게 보도할지, 어떤 내용으로 보도할지 일일이 정해주었다. 언론은 정부가 시키는 대로 받아쓰는 '아바타'로 전락했다. 뉴스는 독재자에 대한 찬양 일색이었다. 저녁

9시를 알리는 '땡' 소리가 나면 뉴스는 "'전'두환 대통령은 오늘…"로 시작하는 '대통령 근황'을 전했다. 시민들은 9시 뉴스를 '땡전 뉴스'라 부르며 비웃었다.

하지만 끝내 굴복하지 않고 권력에 맞서 싸운 언론인도 있었다. 정권의 탄압에 맞서 자유 언론을 요구하는 성명을 발표한 기자도 있었고, 보도지침을 통한 권력의 언론 개입을 용감하게 폭로한 기자도 있었다. 영화 〈1987〉에서 보듯 검열을 피해 진실을 세상에 알린 기자도 있었다. 그 대가로 그들은 일터에서 쫓겨나거나 어두운 조사실로 끌려가 고문을 당했고 의문의 죽음을 당하기도 했다. 그런 점에서 우리나라 언론의 역사는 언론 자유를 쟁취하기 위한 위대한 투쟁의 역사이기도 하다.

1987년 민주화 이후 언론 자유에 대한 노골적인 탄압은 사라졌다. 사전 검열과 보도지침도 사라졌다. 드디어 우리나라도 언론이 권력을 비판하기 위해 목숨을 걸지 않아도 되는 나라가 된 것이다. 국제 언론인단체인 '국경없는기자회'가 매년 평가하는 '세계 언론자유 지수'에서 우리나라는 2006년 180개 조사 대상 국가 중 31위를 차지, 선진국과 어깨를 나란히 하는 언론 자유 국가가 되었다.

하지만 시민들이 긴장의 끈을 늦출 때 민주주의의 시계는 언제든 거꾸로 돌아갈 수 있다. 권력이 공영방송을 통제하고 언론이 권력의 눈치를 살피게 된 2008년 이후 우리나라의 언론자유 지수는 다

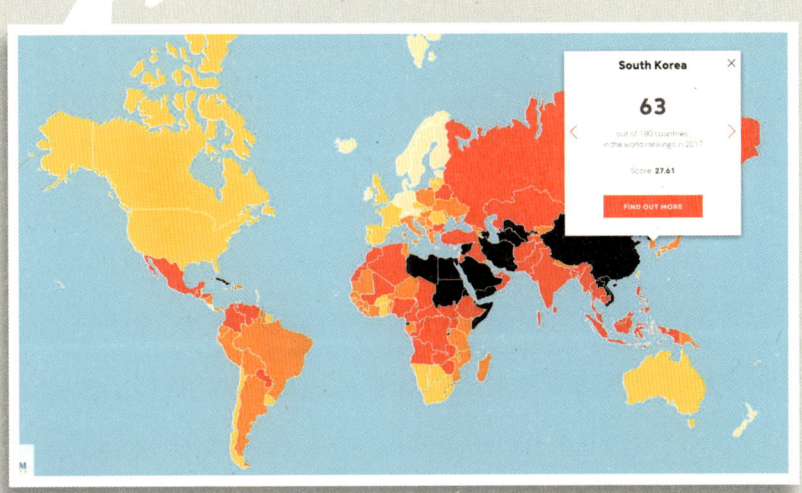

South Korea ✕

63

out of 180 countries
in the world rankings in 2017

Score **27.61**

FIND OUT MORE

M

2017년 우리나라의 언론자유 지수는 180개국 중 63위로, 2016년보다 7위
상승했다. 붉은색에 가까운 지역일수록 언론 자유도가 낮다.

시 하락하기 시작했다. 2016년에는 70위까지 떨어졌고, 2017년에도 180개국 중 63위에 머물렀다.

미국의 국제인권단체 '프리덤하우스'가 발표하는 '언론자유 보고서'에서도 우리나라는 2010년부터 '언론자유국' 지위를 잃고 '부분적 언론자유국'으로 분류되고 있다. 언론의 자유를 '부분적으로만' 누리는 나라로 전락하고 만 것이다. 언론이 권력으로부터 완전히 자유로운 성숙한 민주주의 사회가 될 때까지 아직 우리 언론이 가야 할 길이 멀다.

권력은 어떻게 언론을 길들이는가

사람이 당나귀를 길들일 때 쓰는 전략을 흔히 '당근과 채찍'이라 부른다. 달콤한 보상(당근)과 가혹한 징벌(채찍)을 번갈아 주어 주인이 원하는 행동을 할 동기를 부여하고 원치 않는 행동을 하지 않도록 통제하는 방식이다. 권력이 언론을 길들일 때도 마찬가지다. 채찍만 휘두르지 않고 언제나 당근을 함께 제시한다.

독재 정권은 말을 듣지 않는 언론에게는 무자비한 폭력과 탄압을 가했지만, 자신들을 순순히 따르는 언론에는 다양한 보상을 내려주었다. 정부에 우호적인 언론사들이 금융기관에서 돈을 빌리거나 세금을 낼 때 파격적인 특혜를 제공했고, 언론사들이 구독료와 광고료를 담합해도 눈감아주었다. 고분고분한 기자들은 공직에 발탁하거나 국회의원으로 뽑아주었다.

언론 통폐합으로 경쟁사들이 줄어들면서 살아남은 언론사들은 자산과 매출액이 2~4배 성장하는 호황을 누리기도 했다. 박봉이던 기자들이 대기업 수준의 높은 연봉을 받게 된 것도 이때부터다. 해외 연수를 가는 등 복리후생 조건도 크게 향상되었다. 배부른 기자들은 서민의 삶으로부터 멀어졌고, 정당하지 못한 권력에 대한 불만도 잊어버렸다.

민주화 이후에는 특히 채찍보다 당근이 더 효과적인 수단으로 작용한다. 민주화된 사회에서도 정부가 언론에 줄 수 있는 혜택은 많다. 정부는 우호적인 언론사에 종합편성채널 방송 사업권을 나누어주었고, 고분고분한 언론사에 정부 광고를 뿌리기도 했다.

정부의 입김이 작용하는 공영방송사에서는 권력에 협조하는 언론인에게 고위직으로의 승진이라는 달콤한 보상이 주어졌다. 정권의 입맛대로 보도를 스스로 검열하고 입바른 소리를 하는 후배 언론인들을 내쫓은 고위 간부들은 보도국장이나 본부장, 사장에 임명되었다. 공영방송의 정치적 독립을 위해서는 먼저 방송사의 리더십을 정권이 좌지우지할 수 있는 현행 제도가 바뀌어야 할 것이다.

자본의 눈치를 보는 언론

　지금까지는 '권력'이라는 말을 정치권력을 가리키는 데 한정 지어
썼다. 그러나 언론을 위협하는 힘은 정치권력만 있는 게 아니다. 자
본주의가 고도로 발달하고 기업의 힘이 막강해진 오늘날에는 정치
권력보다 자본권력이 더 큰 위협이 되고 있다. 더구나 자본권력의 영
향은 보이지 않는 곳에서 교묘하게, 간접적으로 이루어지는 경우가
많아 정치권력의 개입보다 더 저항하기 어렵다.

　언론사의 '주인'은 누구일까? '국민'이나 '시민'이 되어야 이상적이
겠지만, 현실은 그렇지 않다. 몇몇을 제외한 대부분의 언론에는 '사
주'가 존재한다. 정치권력은 몇 년의 임기가 끝나면 교체되지만, 언
론사를 소유하고 있는 자본, 즉 사주(社主)의 권력은 언론사가 문을 닫
지 않는 한 영원하다.

　따라서 언론사에서 가장 강력한 힘을 가진 '주인'은 시민이 아니라
가장 많은 주식을 보유한 사주가 될 수밖에 없다. 이들은 자신이 소
유한 언론사 내에서 절대군주 못지않은 권력을 휘두른다. 기자들은
시민에게 충성하지 않고 사주에게 충성하게 된다. 시민을 대신하여
권력을 감시하는 민주주의의 파수꾼이 아니라, 조직의 지시에 따라
움직이는 월급쟁이가 되는 것이다.

　문제는 언론사의 사주들이 공적 이슈를 다루어야 할 언론을 개인

의 사리사욕을 채우는 수단으로 활용한다는 데 있다. 사주가 부도덕한 범죄를 저질러 사회의 질타나 검찰의 수사를 받게 될 때 사주를 옹호하는 기사를 대문짝만하게 쓰거나, 기자들의 신념과 양심이 아닌 사주의 생각과 입맛에 맞게 논조를 정하는 일은 우리나라 언론에서 비일비재하다.

언론을 위협하는 자본권력은 언론사 내부에만 있지 않다. 외부에는 '광고주'라는 이름의 자본이 언론에 막대한 영향을 미치는 권력으로 자리 잡고 있다. 주로 재벌 대기업들이 언론의 주요한 광고주인데, 우리 언론은 이들 권력에 너무 쉽게 고개를 숙이고 있다.

광고주 기업들은 자신에게 불리한 기사의 제목과 내용을 수정해줄 것을 언론에 요청 또는 강요한다. 그 결과 내용이 바뀌기도 하고, 경우에 따라 아예 사라져 버리기도 한다. 언론에 광고를 많이 하는 재벌 기업들은 언론이 비판할 수 없는 '성역'이 되어가고 있다.

이는 기업 광고가 언론사 매출에서 차지하는 비중이 워낙 높기 때문에 발생하는 문제다. 우리나라의 신문사들은 수입의 70~80%를 기업 광고와 협찬에 의존하고 있다. 선진국 언론사들과 비교할 때 과도하게 높은 수치다. 광고주에 밉보여 광고와 협찬이 끊기면 언론사는 생존 자체가 불투명해진다.

광고주의 영향력은 자신들에게 불리한 기사를 삭제하거나 유리한 기사를 집어넣는 차원에 그치지 않는다. 언론이 광고에 과도하게 의존하게 되면, 뉴스 자체가 광고주의 입맛에 맞게 변화해간다. 광고주에게 매력적인 매체가 되기 위한 언론사의 발버둥이다.

광고주는 아무 매체에나 광고를 내지 않는다. 아무리 돈을 써서 광고를 많이 해도 실제 구매로 연결되지 않으면 무용지물이기 때문이다. 그래서 광고주는 소비를 많이 하고 제품을 구매할 능력이 있는 소비자층에게 인기 있는 매체를 골라 광고를 낸다. 구매력이 높은 계층이나 세대가 선호하는 언론사에는 광고가 몰리고, 그렇지 않은 언론사는 외면당할 수밖에 없다.

결국 언론사는 광고주가 선호하는 매체의 특성을 갖추기 위해 구매력 있는 소비자층의 취향에 맞춰 편집 방향과 논조를 바꾸게 된다. 이를테면 주식, 부동산, 사교육, 자동차, 레저 등 부유층의 관심사를 많이 다루고 중산층 이하 서민을 위한 기사는 많이 싣지 않음으로써 특정 계층을 소외시키는 방향으로 변해간다.

왜 부동산 뉴스에는 수도권의 아파트 시세를 다루는 정보만 넘쳐나는 걸까? 그것이 돈을 쓰는 이들의 관심사이기 때문이다. 반면 가난한 사람이나 청소년의 고민은 뉴스에 잘 반영되지 않는다. 언론은 소비 능력이 없는 어린 수용자들에게 관심이 없다. 우리나라의 신문들이 대부분 정치적으로 보수 성향을 띠는 것도 구매력을 갖춘 독자들이 대개 급격한 사회 변화를 원하지 않기 때문이다.

짠맛을 잃은 소금은 버려진다

입바른 소리를 하는 언론을 싫어하고 자기 뜻대로 언론을 움직이려는 것은 모든 권력의 본성이다. 하지만 아무리 권력이 당근을 던져주더라도 기자들이 이를 거부하면 통제는 순조롭게 이루어질 수 없다. 그런 면에서 가장 근본적인 문제는 오늘날 기자들이 비판 정신을 잃고 권력에 순응하는 데 있는지도 모른다. 우리나라의 기자들은 권력에 '까칠한' 소리를 하기보다 권력과 오순도순 평화롭게 공존하는 길을 택하고 있다.

'발표 저널리즘'이라는 말이 있다. 취재원이 제공하거나 발표하는 정보를 언론이 확인하고 비판적으로 검토하는 과정 없이 그대로 중계 보도하는 것을 일컫는 말이다. 언론이 권력을 맹목적으로 신뢰하고 권력에 협조하는 관계에서만 가능한 상황이다.

오늘날 우리 언론이 발표 저널리즘에 빠져 있다는 비판의 목소리가 높다. 기자들은 정부의 발표를 앵무새처럼 그대로 '받아쓰기'만 할 뿐 비판하거나 의심하지 않는다. 기업 홍보팀이 제공하는 보도자료를 확인과 검증 없이 '복사해 붙이는' 기사가 매일 쏟아져나온다. 국민의 알 권리를 위해 권력에 까다로운 질문을 던지는 기자들이 설자리는 갈수록 줄어들고 있다.

2016년 로이터 저널리즘 연구소가 여러 나라를 비교 조사한 결

버락 오바마 전 미국 대통령은 기자들과 자유롭게 소통하는 모습을 자주
보였다. 권력에 불편한 질문을 끊임없이 던지는 것이 언론의 역할이다.

과에 따르면, 우리나라 사람들의 뉴스에 대한 신뢰도는 5점 만점에 2.89점으로 조사가 실시된 26개국 중 23위를 차지했다. 이처럼 언론에 대한 시민들의 신뢰가 무너진 데는 언론이 권력 앞에 떳떳한 모습을 보이지 못한 탓이 크다. 언론이 권력과의 불편한 관계를 피할수록 시민과의 관계는 불편해질 수밖에 없다.

소금은 짜다. 당연히 소금만 먹으면 맛이 없다. 하지만 소금은 다른 음식에 들어가 음식 전체의 맛을 살려주는 역할을 한다. 그런 점에서 언론은 우리 사회의 소금과 같다. 쓰디쓴 비판을 하지만, 그 비판을 통해 사회 전체가 건강해진다.

권력을 비판하지 않는 언론은 짠맛을 잃은 소금과 같다. 짠맛을 잃어버린 소금은 쓰이지 않고 버려진다. 언론이 시민들에게 버려지지 않으려면, 다른 맛을 흉내 내기보다 본연의 짠맛을 되찾기 위해 애써야 할 것이다.

폴리널리스트(polinelist)는 정치(politics)와 언론인 (journalist)의 합성어다. 언론인의 경력과 위상을 이용해 정·관계에 진출하는 이들을 비판적으로 이르는 말이다.

권력을 비판하고 감시하는 사명을 부여받은 기자는 언제나 취재원 과 일정한 거리를 두어야 하지만, 폴리널리스트는 기자의 특권을 악 용하여 권력에 접근하고 스스로 권력이 됨으로써 사리사욕을 채운 다. 기자라는 직업을 권력으로 건너가는 징검다리로 삼는 것이다.

폴리널리스트가 뭐길래 🔍 SEARCH

해외에도 언론인 출신의 정치인이나 고위 공직자가 없는 것은 아니다. 하지만 국내에 는 유독 폴리널리스트가 많다. 언론인 출신 국회의원은 한때 전체 의원의 20%를 넘나 들었고, 최근 많이 줄어들기는 했지만 여전히 의원 10명 가운데 1명 정도가 언론인 출 신이다.

우리 사회의 뿌리 깊은 '권언유착' 때문이다. '권언유착'은 서로 긴장 관계를 유지해야 할 정치권력과 언론이 밀착하여 공생 관계를 유지하는 악습을 말한다. 권력에 협조하 는 언론에 주어진 다양한 보답 가운데 하나가 소속 언론인의 정치권 발탁이었다. 폴리 널리스트는 권언유착 관행의 유산인 셈이다.

폴리널리스트는 언론사 편집국장 등 고위간부를 지내며 권력에 도움을 주는 보도를 주도하다가 그 대가로 국회의원 공천이나 공직 임명을 얻어낸다. 뉴스 앵커나 시사 프 로그램 진행자처럼 얼굴이 널리 알려진 이들이 방송을 그만두고 정치에 뛰어들기도 한다. 특정 정당을 출입하는 정치부 기자가 그 정당에 입당하는 경우도 있다.

이는 직업윤리를 정면으로 위배하는 것일 뿐 아니라 자신이 몸담고 있던 언론사의 신뢰를 무너뜨리는 일이다. 언론인 퇴직 후 일정 기간 공백기를 갖고 현직 기간에 형성된 인맥과 영향력이 어느 정도 사라진 뒤 정계에 진출한다면 그나마 좀 나은 편이다. 그러나 대개의 경우는 다니던 언론사에 사표를 낸 직후 정당이나 정부기관에 곧바로 몸을 담아 눈살을 찌푸리게 만든다. 청와대 대변인에 내정된 방송사 부장급 기자가 오전 보도국 회의까지 참석했다가 오후에 대변인이 된 사실을 밝혀 논란이 된 적도 있다.

기자 출신의 정치 입문이나 공직 임명을 법으로 금지할 수는 없다. 기자를 하다가 그만둔 사람에게도 '직업 선택의 자유'가 있기 때문이다. 따라서 언론사가 내부 윤리강령에 퇴직 이후 활동을 제한하는 규정을 마련해두는 것 외에 마땅한 방안이 없는 형편이다. 하지만 윤리강령은 강제성이 없는 데다 지키지 않아도 처벌할 방법이 없기 때문에 유명무실한 상태다. 폴리널리스트 문제는 사실상 언론인의 양심과 도덕에 맡기는 수밖에 없는 것이다.

6장

무엇이
불량 뉴스를
만드는가

먼저 기자가 바뀌어야 한다

명탐정 셜록 홈스는 소설《네 개의 서명》에서 친구 왓슨에게 다음과 같이 말한다.

"중요한 것은 원인과 결과를 잇는 거라네. 결과에서 원인을 추론하며 거슬러 올라가는 분석적 추리 과정이 가장 핵심이야."

모든 결과에는 원인이 있는 법이다. 연기가 나는 것은 어디선가 불을 땠기 때문이다. 연기를 보면 누가 불을 땠는지 찾아내는 추리를 하라는 것이 홈스의 주문이다.

우리 언론이 잘못되었다면, 언론을 그렇게 만든 범인이 있을 것이다. 이제 지금까지 살펴본 언론의 문제점들이 어디서 비롯되었는지, 그 원인을 추리해 볼 차례다.

많은 사람이 기자의 인성과 역량에서 문제의 원인을 찾는다. 좋은 기자가 없기 때문에 좋은 언론을 기대하기 어렵다는 것이다. 이러한 관점에서 보면 기자 개개인의 무능과 부패, 불성실이 '불량 뉴스'를 만들어내는 가장 큰 원인이다. 포털 뉴스에 달리는 댓글들만 봐도 그렇다. 시원치 않은 기사에는 여지없이 "얼마 받고 쓴 거냐", "기자 수준 좀 보소"와 같은 댓글들이 달린다.

다소 속된 표현이기는 하지만, '기자'와 '쓰레기'를 합성해 만든 '기레기'라는 신조어 속에는 일말의 진실이 담겨 있다. 물론 우리나라의

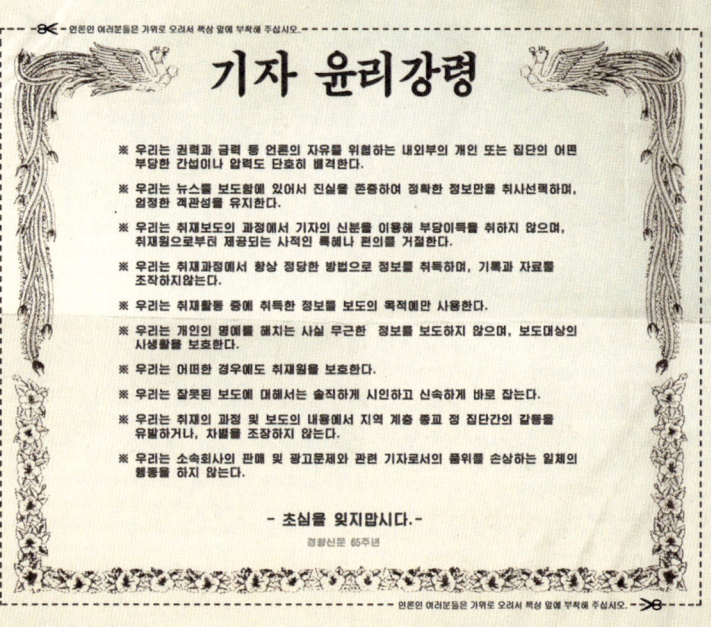

언론인 여러분들은 가위로 오려서 책상 앞에 부착해 주십시오.

기자 윤리강령

※ 우리는 권력과 금력 등 언론의 자유를 위협하는 내외부의 개인 또는 집단의 어떤 부당한 간섭이나 압력도 단호히 배격한다.

※ 우리는 뉴스를 보도함에 있어서 진실을 존중하여 정확한 정보만을 취사선택하며, 엄정한 객관성을 유지한다.

※ 우리는 취재보도의 과정에서 기자의 신분을 이용해 부당이득을 취하지 않으며, 취재원으로부터 제공되는 사적인 특혜나 편의를 거절한다.

※ 우리는 취재과정에서 항상 정당한 방법으로 정보를 취득하며, 기록과 자료를 조작하지않는다.

※ 우리는 취재활동 중에 취득한 정보를 보도의 목적에만 사용한다.

※ 우리는 개인의 명예를 해치는 사실 무근한 정보를 보도하지 않으며, 보도대상의 사생활을 보호한다.

※ 우리는 어떠한 경우에도 취재원을 보호한다.

※ 우리는 잘못된 보도에 대해서는 솔직하게 시인하고 신속하게 바로 잡는다.

※ 우리는 취재의 과정 및 보도의 내용에서 지역 계층 종교 정 집단간의 갈등을 유발하거나, 차별을 조장하지 않는다.

※ 우리는 소속회사의 판매 및 광고문제와 관련 기자로서의 품위를 손상하는 일체의 행동을 하지 않는다.

- 초심을 잊지맙시다. -

경향신문 65주년

언론인 여러분들은 가위로 오려서 책상 앞에 부착해 주십시오.

2011년 10월 6일, 경향신문 창간 65주년 기념으로 1면에 실린 '기자 윤리강령'

모든 기자가 '기레기'인 것은 아니다. 사명감과 열정을 가지고 최선을 다하는 기자들이 생각보다 많다. 그러나 일상의 무게 때문에 현실에 순응하거나 출세에 눈이 어두워 권력에 복종하는 기자들이 있다는 것 역시 부정할 수 없는 사실이다.

기자들이 은폐된 사실을 끈질기게 추적하는 데 필요한 탐사보도를 꺼리고 편하게 보도자료를 베끼는 '받아쓰기 보도'만 한다는 건 이제 공공연한 비밀이 되었다. 기자들은 현장을 찾아가지 않고 기자실에 가만히 앉아 기사를 쓰는 데 익숙해졌다. 이런저런 이유로 뉴스의 주인공이 된 시민들은 얼굴도 본 적 없는 기자가 자신에 대해 쓴 기사를 보며 어리둥절하게 된다.

이러한 기자들이 신경 쓰는 것은 현장에 숨어 있는 진실이 아니라 직장 내에서의 안정이다. 시민보다는 조직과 상사의 눈치를 보는 것이다. 나이가 들수록 부장, 국장으로의 승진에 신경을 쓰다 보니 백발을 휘날리며 현장을 뛰어다니는 노(老)기자들을 보기란 하늘의 별따기다. 당연히 베테랑 기자의 경험과 노하우가 녹아 있는 깊이 있는 기사도 만나기 어렵다.

기자는 특별한 직업이다. 시민이 부여한 공적 임무를 수행하고 사회적 영향력이 크다는 점에서 다른 직업보다 더 엄격한 윤리적 잣대가 적용될 수밖에 없다. 편하게 일하고 조직에서 출세하기를 원하는 것은 인간의 본능이지만, 기자에게는 그러한 유혹으로부터 스스로를 지킬 수 있는 자기 성찰과 사명감이 요구된다.

이게 다 기자 때문일까

 뉴스를 만드는 기자가 뉴스에 미치는 영향이 큰 것은 당연하다. 같은 사건을 취재해도 기자의 성향과 가치관, 이해관계에 따라 뉴스의 내용과 관점이 달라질 수밖에 없다. 따라서 뉴스에 문제가 있다면 기자가 일차적 책임을 질 수밖에 없으며, 실제로 우리 언론의 모순을 말할 때 기자 개개인의 문제를 빼놓기는 어렵다. 기자가 바뀌지 않으면 언론의 타락은 멈추지 않을 것이다.

 그러나 과연 기자들이 문제의 전부일까? 기자들 때문에 언론이 썩어간다면, 왜 유독 우리나라에만 나쁜 기자들이 많은 걸까? 우리나라 사람이 외국 사람보다 특별히 불성실하고 부도덕한 것은 아닐 텐데, 왜 우리나라 기자들은 선진국의 기자들과 다른 모습을 보이는 걸까? 이런 질문에 대한 답을 곰곰이 생각하다 보면, 기자 외에 다른 요인들이 작용하고 있을지 모른다는 결론에 이르게 된다.

 기자라고 해서 뉴스의 모든 것을 결정하는 것은 아니다. 뉴스에 영향을 미치는 요소는 기자 말고도 많다. 기자들을 통제하는 언론사라는 거대한 조직, 기자 집단의 업무 관행, 언론사를 둘러싼 사회적 환경, 뉴스를 실어 나르는 미디어의 변화 등이 그것이다. 아무리 사명감 넘치고 능력 있는 사람이 기자가 되더라도 좋은 뉴스를 만들 수 없게 만드는 구조적 요인들이다.

그런 점에서 기자 개인만을 겨냥하는 '기레기'라는 단어는 문제의 본질과는 다소 거리가 있다. 기자들을 미워하는 것은 우리가 할 수 있는 가장 쉬운 일이지만, 오늘날 언론이 안고 있는 문제를 해결하기 위한 좋은 방법은 아니다. 기자 외에 언론을 망가뜨리는 다른 요인들에는 어떤 것이 있는지 하나씩 살펴보자.

개인의 힘을 뛰어넘는 조직의 논리

언론을 병들게 하는 두 번째 '범인'은 기자가 소속되어 있는 언론사 조직이다. 기자는 회사라는 거대한 조직의 울타리 안에 들어가 있는 외로운 '개인'이지만, 언론사는 방대한 인원이 근무하고 엄격한 위계와 서열이 있는 거대한 '조직'이다. 조직은 개인을 억압하고 통제한다. 조직 속에서 개인은 마음대로 행동할 수 없다.

기자가 신념과 의지에 따라 자유롭게 뉴스를 만든다면 좋겠지만, 현실은 그렇지 않다. 기자는 회사의 지시와 감독을 받아야 한다. 조직의 명령을 따르지 않는 기자는 중요한 직책을 맡지 못하거나 회사에 오래 남아 있기 어렵다. 생계를 위해 일을 해야 하는 기자에게 통제를 따르는 것 외에 대안은 그리 많지 않다.

언론사들은 저마다의 논조를 갖는다. 보수언론이 다양한 분야의 기사에서 일관된 보수 논조를 보이는 것은 모든 기자가 동일한 신념을 가지고 있기 때문이 아니다. 기자들이 조직의 논리에 적응하거나 타협한 결과다. 이는 정반대에 있는 진보언론도 마찬가지다.

기자에게 주어지는 자율성의 수준은 언론사마다 차이가 있다. 어떤 언론사에는 기자들이 사내에서 비교적 자유롭게 의견을 드러내고 자신의 신념에 부합하지 않는 기사 작성을 거부할 수 있는 유연함이 있지만, 어떤 언론사는 기자들을 거대한 기계의 부품처럼 취급하며 조직의 명령에 무조건 복종하도록 강요한다. 이런 조직 내에서 기자들은 사실상 '언론의 자유'를 누리지 못한다.

상대적으로 자유로운 분위기의 언론사라고 해서 기자가 뉴스를 마음대로 제작할 수 있는 것은 아니다. 대다수 언론사 조직은 사장을 비롯한 경영진부터 편집(보도)국장, 각 부서의 부장, 차장을 거쳐 평기자로 이어지는 위계화된 조직 구조로 이루어져 있다. 현장의 기자들은 조직 상부의 지휘와 감독을 받는다. 아주 급한 속보가 아니라면 대부분의 뉴스는 언론사 조직 내의 이 모든 단계를 통과해야 비로소 세상에 나올 수 있다.

각 단계에 버티고 있는 '문지기'들은 다양한 뉴스 소재 중에서 어떤 것을 통과시켜 대중에게 전달하고 어떤 것을 전달하지 않을지 결정한다. 어떤 정보는 모든 단계에서 살아남아 최종적으로 뉴스가 되지만, 어떤 정보는 특정 단계를 통과하지 못해 사라진다. 중간 단계에서 정보가 첨가되거나 수정될 수도 있다. 이처럼 언론사 내에서 뉴스 결정권자들이 뉴스를 취사선택하고 가공하는 과정을 게이트키핑(gatekeeping)이라고 한다.

이 과정에서 뉴스는 처음 기자가 취재하고 의도했던 바와 달리 내용이 왜곡되거나 변질될 수 있다. 데스크가 뉴스 가치가 없다고 판단해 누락시킬 수도 있고, 정치권력의 눈치를 본 편집국장이 표현을 수정할 수도 있다. 광고주를 의식한 사장이 내용을 바꾸라고 지시할 수도 있다.

언론을 명확히 이해하기 위해서는 여러 사람의 손을 거쳐 이루어지는 게이트키핑 과정이 어떻게 진행되는지를 아는 것이 중요하다. 물론 뉴스 제작 과정을 투명하게 공개하는 언론사는 거의 없다.

덫이 되어버린 관행

어느 직업 집단이나 오랫동안 일을 하다 보면 정형화되어 반복되는 활동과 암묵적으로 굳어진 규범이 생기기 마련이다. 그렇게 했을 때 업무가 더 편리하거나 효율적이기 때문이다. 가령 야구선수들은 몸을 풀고 경기력을 유지하기 위해 매일 되풀이하는 훈련이 있다. 군인들은 단체 생활의 기강을 잡기 위해 일상생활에서 지켜야 할 매뉴얼을 마련해놓는다.

이처럼 오랜 업무 과정에서 비롯된 노하우, 습관, 절차, 약속, 규칙들을 묶어 관행(routine)이라 부른다. 기자들도 매일 뉴스를 반복해서 만드는 과정에서 다양한 관행들을 마련했다. 제한된 시간과 공간에서 가장 효율적인 방식으로 뉴스를 생산하기 위해 현장의 경험과 지혜를 모은 결과이다.

'시한부 보도 유보'를 뜻하는 엠바고(embargo)는 기자 집단이 공유하는 대표적인 관행이다. 엠바고는 취재원이 언론사나 기자에게 정보를 제공하되 곧바로 보도하지 않고 정해진 시점 이후에 보도하도록 요청하는 것으로, 기자와 취재원 사이에 하는 일종의 약속이다. 대개 국익이나 국민 안전, 언론사의 업무 편의 등이 목적이다.

관행은 일을 더 잘하기 위해 마련된 것이지만, 때로는 일을 망치거나 왜곡시키기도 한다. 엠바고만 하더라도 정부가 정보를 통제하여 보도 효과를 극대화하거나 여론을 조작하는 데 악용되는 경우가 많다. 하지만 정작 기자들은 관행의 부작용을 느끼기 어렵다. 관행이 몸에 베어 그와 같은 일이 익숙하고 당연해 보이기 때문이다.

바깥에서 볼 때는 심각하지만, 정작 기자들은 그다지 큰 문제를 느끼지 못하는 관행의 대표적인 예가 취재원과 관련된 것이다. 기자들은 정부 관료, 법조인, 대학교수 등 엘리트 취재원에게 과도한 신뢰를 보내는 반면 일반 시민, 노동자, 농민 등은 뉴스에서 거의 인용하지 않는다. 이 같은 취재원의 편향은 엘리트 계층의 주장만 뉴스에 반영되고 대다수 시민의 다양한 의견들은 뉴스에서 배제되는 결과를 낳는다.

출입처 제도는 매일 정기적으로 뉴스를 공급해야 하는 언론이 뉴스를 효율적으로 확보하기 위해 만들어낸 뿌리 깊은 관행이다. 청와대, 국회, 경찰 등 뉴스가 많이 나오는 곳에 기자를 상시 배치해 신속하고 안정적으로 정보를 입수하기 위해서 만들어졌다. 대다수 기자는 회사가 아니라 배정받은 출입처로 출근해 기자실에서 근무한다. 출입처에 오래 머물면서 기자는 취재원과 더 자주 만나 더 많은 정보를 수집할 수 있다.

하지만 출입처 관행은 장점 못지않게 많은 단점이 있다. 먼저 업무 영역 간에 칸막이가 생기면서 기자들이 자신의 담당 영역에서 발생한 일이 아니면 관심을 두지 않게 된다. 거대 관료 조직의 공무원과 비슷해지는 것이다. 기자가 출입처에 상주하며 취재원들과 인간적 친분을 쌓으면서 감시와 견제라는 본분을 잊고 무의식중에 출입처에 우호적인 시각을 갖게 되는 경우도 많다.

또 서로 다른 언론사의 기자들이 '기자단'을 형성해 함께 어울리다 보면, 사고방식이 비슷해지거나 기사 방향에 대해 담합을 하면서 각 언론사의 기사들이 붕어빵처럼 똑같아진다. 이처럼 공통된 인식을 가진 기자들이 획일적이고 개성 없는 보도를 쏟아내는 것을 패거리 저널리즘(pack journalism)이라고 부른다.

때로는 기자들이 권력의 어두운 뒷모습을 공개하지 않기로 담합하고, 이를 외부에 알리는 기자를 출입기자단이 앞장서 징계하는 어처구니없는 일도 벌어진다. 시민들에게 더 많은 정보를 전해주기 위하여 마련된 관행이 오히려 시민들에게 정보가 전달되는 것을 막는 올가미로 작동하는 것이다. 출입처의 권력과 기자단이 화기애애한 분위기 속에서 공생 관계를 맺을 동안, 시민들에게 꼭 전해져야 할 중요한 정보들은 기자실 안에서 증발해 버리고 만다.

뉴스를 망가뜨리는 언론사 바깥의 '공범들'

뉴스의 모든 문제가 언론사와 기자들의 잘못으로부터 비롯되는 것은 아니다. 언론을 둘러싼 외부 환경도 언론을 병들게 만드는 '공범'이다. 뉴스는 진공 상태의 멸균실에서 만들어지지 않는다. 언론사 외부의 사람, 제도, 산업 등 다양한 요소들이 뉴스를 만드는 과정에 개입하고 영향을 미친다. 뉴스는 사회 전체의 산물이다.

우리가 이미 살펴본 바와 같이 정치권력이 뉴스에 미치는 영향은 대단히 크다. 권력이 언론의 자유를 얼마나 인정하느냐에 따라 기자와 언론이 할 수 있는 일의 범위가 달라진다. 기자가 자신이 쓴 기사때문에 목숨을 잃을지도 모른다고 생각하는 독재 국가에서 언론이할 수 있는 일은 권력을 선전하는 정도일 것이다. 반면 언론 자유가제도적으로 보장된 사회의 언론은 권력의 고개를 숙이게 만들 수도, 권력을 물러나게 만들 수도 있다.

언론사가 처한 경제적 상황도 뉴스의 질을 결정하는 중요한 요인이다. 지금 우리나라의 언론 산업은 극심한 불황에 시달리고 있으며, 상황은 갈수록 악화되고 있다. 문 닫을 위기에 처한 식당이 음식의재료나 레시피를 바꿔 원가를 절감하듯, 적자에 허덕이는 언론사들은 뉴스의 성격이나 생산방식을 바꿔 수익 추구에 나선다. 오늘날 뉴스가 망가지는 이유다.

언론과 광고주의 유착이 심해지면서 광고나 협찬을 받고 써주는'홍보성 기사'가 늘어나고, 심지어 처음부터 광고주와 함께 기획한'기사형 광고'까지 생겨나고 있다. 기사 형태를 갖추고 있고 누가 봐도 기사와 다름없지만 사실은 돈을 받고 쓴 광고인 경우다. 기자들도"내가 기자인지 영업사원인지 모르겠다"고 불평할 만큼 광고를 유치하는 영업 전략에 동원되고 있다.

경영이 어려워진 언론사는 기자 인력을 최소화하여 인건비를 아끼기 때문에 자연히 기자 1명이 감당해야 하는 노동의 양은 늘어날 수밖에 없다. 소규모 인터넷 매체의 기자들은 하루에 30~40개의 기사를 써내기도 한다. 베껴 쓴 기사나 오타투성이 기사 등 수준 미달의 기사가 늘어나는 것은 당연하다. 장기간의 심층 취재를 통한 탐사 고발 보도를 시도할 여유는 사라진다. 공을 들이지 않고 생산한 뉴스로 최대한의 클릭을 얻어내려다 보니 자극적이고 선정적인 뉴스에 집중하는 전략이 불가피해진다.

최근에는 뉴스라는 콘텐츠를 실어 나르는 플랫폼, 즉 미디어의 변화가 뉴스에 미치는 영향에 관심이 집중되고 있다. 인터넷이 뉴스를 혁명적으로 변화시켰기 때문이다. 인터넷은 시민 참여를 증진시키는 순기능도 있지만, 역기능도 만만치 않다. 뉴스의 정확성과 심층성을 무시하고 더 빠른 속도로 더 많은 뉴스를 생산하는 것만을 중시하는 흐름을 만들며 속보 경쟁을 부추기는 것이 인터넷이 가져온 대표적인 부작용이다.

2016년 5월 18일 통신사 〈연합뉴스〉는 '[긴급]강원도 횡성에서 6.5 지진'이라는 제목의 속보를 내보냈다. 인터넷에서는 수많은 언론사가 〈연합뉴스〉의 속보를 베껴 지진 발생을 전하는 뉴스를 띄웠다. 그러나 이는 나중에 모두 오보로 밝혀졌다. 기상청에서 재난 대응 훈련을 대비해 만들어놓았던 자료가 언론사에 잘못 발송되어 벌어진 해프닝이었다.

일차적 책임은 실수를 한 기상청에 있었지만, 기본적 사실관계를 확인하는 전화 한 통 없이 기사를 올린 〈연합뉴스〉도 비판의 도마 위에 올랐다. 진도 6.5의 지진은 기상 관측 이래 최대 규모로, 횡성뿐 아니라 한반도 전체가 심각한 타격을 입을 수 있는 대형 재난이다. 조금만 생각해 봐도 의심이 가는 보도자료였던 것이다. 더 황당한 점은 18일 오후에 송고된 기사에서 지진 발생 시점이 하루 뒤인 19일 오후 2시로 되어 있었다는 사실이다.

이처럼 '미래를 예언하는' 기사가 나오게 된 배경에는 인터넷에서 벌어지는 속보 경쟁이 있다. 다른 매체보다 1초라도 더 빨리 기사화하지 않으면 수만 개의 클릭을 빼앗기는 살벌한 전쟁이 문제를 키운 것이다. 빠른 기사 전송을 가능케 하는 인터넷과 이윤 창출에 혈안이 된 언론사의 '잘못된 만남' 때문에 오늘도 포털사이트에는 수준 미달의 기사들이 셀 수 없이 쏟아지고 있다.

이처럼 언론의 문제는 단 하나의 요인에서 비롯되는 것이 아니다. 기자가 아무리 올바른 보도를 하려고 해도 복잡하게 얽혀 있는 다양한 요인들이 뉴스를 망가뜨리고 언론을 병들게 한다.

원인이 복합적이면 문제를 해결하기가 그만큼 어려워진다. 한 가지 처방만으로는 병을 고칠 수 없다. 과연 언론의 수용자인 우리가 해야 할 일은 무엇일까? 마지막 장에서는 시민과 청소년들이 언론을 바로잡기 위해 할 수 있는 일이 무엇인지 생각해보자.

쉬어가는 글

가짜 뉴스(fake news)의 시대다. 국내의 한 조사에서 응답자의 30%가 넘는 이들이 '가짜 뉴스를 받아본 적이 있다'고 답할 정도다. 가짜 뉴스는 허위 사실이나 거짓 정보를 뉴스의 형태로 만들어 전한다. 외형상으로는 진짜 뉴스와 똑 닮아 있어 구분이 쉽지 않고, 진짜 뉴스의 신뢰도에 기대어 거짓 정보를 쉽게 믿도록 만들기 때문에 파급력이 매우 크다.

가짜 뉴스 🔍	SEARCH 🎤

가짜 뉴스는 중대한 정치적 고비 때마다 독버섯처럼 퍼져나간다. 정치적 목적을 가진 특정 집단이 선동을 위해 조직적으로 가짜 뉴스를 만들어 전파하는 경우가 많기 때문이다. 전파는 쉽고 빠르지만 검증은 어렵고 시간이 오래 걸린다. 선거를 앞두고 가짜 뉴스에 속은 유권자가 잘못된 판단을 내린다면 민주주의는 제대로 작동하기 어렵다. 2016년 미국 대통령 선거 때는 '힐러리 클린턴이 아동 성 착취 조직에 연루돼 있다'거나 '프란치스코 교황이 트럼프 후보 지지를 선언했다' 같은 가짜 뉴스들이 기승을 부렸다. 2017년 우리나라의 탄핵 정국 때는 '세계 유수의 정치 석학들이 한국의 탄핵에 반대하는 인터뷰를 했다'는 뉴스가 널리 퍼졌다. 기사에 인용된 석학들은 존재하지 않는 이들로, 일본 애니메이션 캐릭터에서 따온 이름들이었다.

가짜 뉴스가 폭발적으로 늘어나고 사람들의 믿음을 얻게 된 배경에는 미디어 환경의 변화가 있다. 지금은 뉴스가 디지털 플랫폼을 통해 유통되는 시대다. 디지털 플랫폼은 네이버를 비롯한 포털사이트, 페이스북과 트위터 등 SNS, 카카오톡과 같은 모바일 메신저를 말한다. 뉴스를 직접 생산한 언론사가 아닌 플랫폼을 통한 뉴스 소비가 보편화되면서 사람들은 뉴스의 제목과 내용에만 관심을 둘 뿐 더 이상 뉴스의 원산지를 궁금해하지 않는다. 출처가 불명확한 가짜 뉴스가 유포되기 좋은 조건이 만들어진 것이다.

믿고 싶은 뉴스라면 확인도 없이 믿어버리고, 비슷한 생각을 하는 사람들끼리 똘똘 뭉쳐 뉴스를 돌려 보는 습관도 가짜 뉴스를 키운다. 한 발 뒤로 물러나 정보의 사실 여부와 출처를 확인하는 신중한 태도를 가져야 한다.

'홍수가 나면 물이 귀하다'는 말이 있다. 정보의 홍수 시대에 오히려 믿을 만한 정보는 줄어드는 지금의 아이러니한 상황이 그와 다르지 않다.

삽화가 프레더릭 버 오퍼(Frederick Burr Opper)가 1894년에 발표한 '세기말의 신문사 주인(The fin de siecle newspaper proprietor)'. 기자들은 선정적인 가짜 뉴스를 인쇄기에 넣으려 앞다투어 달려들고, 중앙에는 신문경영자 조지프 퓰리처(Joseph Pulitzer)로 보이는 인물과 돈이 넘치는 금고가 그려져 있다.

7장

비판적으로 읽고
능동적으로 바꾸자

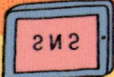

좋은 뉴스는 가능하다

　우리 주변에 나쁜 뉴스만 있는 것은 아니다. 때로는 더운 여름날 불어오는 한줄기 시원한 바람처럼 좋은 뉴스도 만나게 된다.

　2008년 1월 〈경향신문〉은 온종일 서서 일해야 하는 대형마트 계산원과 판매원들이 허리 디스크, 방광염, 하지정맥류 등 건강 질환에 시달린다는 사실을 집중 보도했다. 이후 '서서 일하는 여성 노동자에게 의자를'이라는 캠페인이 전개되었고, 마침내 2008년 8월 노동부는 백화점과 할인마트 사업장에 종업원이 앉을 수 있는 의자를 비치하도록 행정지도와 감독을 강화하는 대책을 내놓았다.

　지금은 마트에 가면 손님이 없을 때 계산원이 앉아 쉴 수 있는 의자가 계산대 한쪽에 마련되어 있다. 보도 이전에는 없던 의자가 보도 이후에 설치된 것이다. 좋은 뉴스는 이렇게 세상을 바꾼다. 좋은 뉴스에는 우리 주변의 이웃들이 일상 속에서 조금 더 인간답게 살 수 있도록 삶을 변화시키는 힘이 있다.

　2017년 10월 〈뉴욕타임스〉는 할리우드의 거물 영화 제작자 하비 와인스틴이 30년간 수십 명의 여배우와 부하 직원들을 성추행했다는 사실을 폭로했다. 이 보도의 후폭풍은 어마어마했다. 기네스 팰트로, 안젤리나 졸리 등 유명 여배우를 포함해 와인스틴의 성폭력에 시달려온 수많은 여성들이 잇따라 증언에 나섰고, 와인스틴은 결국 회사에서 해고당했다.

사태는 여기서 끝나지 않았다. 배우 알리사 밀라노가 누구든지 성폭력 피해를 입은 여성이라면 SNS에 '나도 피해자였다'는 의미의 '미투' 해시태그(#MeToo)를 달고 각자의 경험을 말하자고 제안했다. 그동안 숨어 있던 피해자들이 침묵을 깨고 나섰다. 페이스북에는 하룻밤 사이 1,200만 건의 관련 글이 올라왔다.

'미투' 캠페인은 미국을 넘어 지구촌 전체를 뒤흔들었다. 유명 배우, 정치가, 대기업 임원 등이 과거의 성추문 때문에 궁지에 몰렸고 영국 국방장관은 결국 사임했다. 시사주간지 〈타임〉은 용기를 내어 성폭력 피해 사실을 폭로한 '침묵을 깬 사람들'을 '2017년 올해의 인물'로 선정했다. 〈뉴욕타임스〉가 시작한 작은 외침이 세상을 바꾼 거대한 메아리가 되어 돌아온 것이다.

눈을 크게 뜨고 찾아보면 이처럼 우리의 삶을 실질적으로 바꾸고 새로운 눈으로 세상을 볼 수 있도록 돕는 좋은 뉴스들이 많다는 것을 알 수 있다. 언론은 구제불능이 아니다. 적지 않은 기자들이 열악한 조건에서 좋은 뉴스를 만들기 위해 고군분투하고 있고, 여러 언론사가 자유롭고 책임 있는 보도를 하기 위해 치열하게 싸우고 있다. 좋은 언론은 얼마든지 가능하다. 그 가능성을 현실로 바꾸는 데 필요한 것은 우리의 관심과 참여다.

뉴스를 만드는 또 하나의 주체, 비판적 수용자

1991년 8월 11일, 일본의 〈아사히신문〉은 열일곱 살 때 일본군에 끌려가 끔찍한 위안부 생활을 했다는 한 할머니의 고백을 사회면 머리기사로 보도했다. 일본군 위안부의 진실을 처음으로 세상에 알린 보도였다.

기사의 주인공인 김학순 할머니(1997년 작고)는 3일 뒤 공식 기자회견을 열고 오랫동안 가슴에 묻어두었던 아픈 과거를 증언했다. 이 기자회견에 용기를 얻어 이후 200명이 넘는 피해자 할머니들이 세상에 나왔고, 김학순 할머니가 처음 증언을 한 8월 14일은 '세계 일본군 위안부 기림일'이 되었다.

일본군 위안부의 존재와 실상을 우리나라보다 먼저 보도한 〈아사히신문〉의 기자는 우에무라 다카시였다. 그러나 세계적 특종을 한 우에무라 기자를 기다린 것은 환호와 축하가 아니라 비난과 협박이었다. 일본 극우 세력은 그를 "한국의 앞잡이", "날조기사를 쓴 매국노"라 불렀다. 가족에 대한 '신상 털기'와 딸을 살해하겠다는 협박이 계속됐다. 그러나 '왕따'로 20년 넘게 고통 받았던 우에무라 기자는 "과거로 돌아간다 해도 똑같이 기사를 썼을 것"이라고 자신 있게 말했다. 기사를 응원하고 격려해준 적지 않은 양심적 일본 시민들이 있었기 때문이다.

좋은 뉴스를 만들 일차적 책임은 언론인들에게 있다. 하지만 아무리 좋은 뉴스를 만들어도 그걸 보거나 읽고 박수를 보내줄 사람이 없다면, 좋은 뉴스는 이내 자취를 감출 것이다. 좋은 뉴스를 만드는 언론인도 살아남기 어렵다. 위안부 피해자 기사를 지지해준 일본 시민들이 없었다면 우에무라 기자는 극우 세력의 테러를 당했을지 모른다. 제2, 제3의 우에무라 기자가 나오기도 어려울 것이다.

그런 의미에서 뉴스 수용자인 시민들도 좋은 뉴스를 만드는 데 책임이 있다고 말할 수 있다. 좋은 뉴스는 언론이 만들지만, 그런 뉴스를 만드는 언론은 시민들이 만든다. '모든 민주주의 사회에서 국민은 자기 수준만큼의 언론을 갖는다'는 말처럼, 한 사회의 언론은 그 사회에 살고 있는 시민들의 의식 수준을 반영한다.

뉴스의 수용자는 단순한 구경꾼이 아니다. 언론을 만들어가는 또 하나의 주체다. 수용자 없이는 언론도 없다. 탐스러운 열매를 맺기 위해서는 씨를 뿌리는 착실한 농부와 싹을 틔우는 기름진 밭이 모두 필요하듯, 바람직한 언론도 좋은 기자와 수용자가 힘을 합칠 때 비로소 가능하다.

올바른 언론을 만들기 위해 수용자인 우리에게 가장 먼저 필요한 것은 언론을 비판적으로 바라보는 날카로운 눈이다. 우리는 지금까지 언론이 세상을 투명하게 보여주는 맑은 창이 아니라는 사실을 배웠다. 의도했든 의도하지 않았든 뉴스에는 사실이 아닌 정보들이 포함되어 있다. 자신의 이야기가 사실임을 주장하는 근거로 "어제 뉴스에서 봤어"라고 말하는 사람이 많지만, 뉴스에서 본 것이라고 해서 무조건 믿을 수 있는 건 아니다. 늘 의심하고 한 발짝 물러나 확인해보는 자세를 가져야 한다.

단순히 의심하고 경계하는 눈초리만으로는 충분하지 않다. 비판적 수용자가 된다는 것은 늘 언론을 꼼꼼히 살피고 잘못된 점이 없는지 적극적으로 찾아보며, 잘못이 있으면 언론을 향해 목소리를 높이는 것을 의미한다. 언론이 권력의 눈치를 보며 할 말을 하지 못하거나 왜곡된 기사를 쓴다면 수용자들은 언론을 호되게 꾸짖어야 한다.

민주주의 사회에서 언론은 주권을 가진 국민으로부터 권력을 위임받은 대표자들이 이를 정당하게 행사하는지를 생업에 바쁜 시민들을 대신하여 감시하는 역할을 부여받고 있다. 앞서 살펴본 '감시견'으로서의 언론이다. 언론에 비판의 특권이 주어지는 이유다. 여기서 딜레마는 '감시견'이 감시를 잘 하고 있는지를 감시할 사람이 없다는 것이다. 지금까지 언론은 이 빈틈을 이용해 권력과 담합하고 자기 욕심을 채우는 보도를 해왔다.

결국 언론이 감시견의 임무를 제대로 수행하는지 따져보고 임무에 충실하도록 다그치는 일을 할 수 있는 주체는 시민뿐이다. 언론이 권력을 견제하고 감시한다면, 시민은 언론을 견제하고 감시해야 한다. 언론이 감시견의 책임을 내던지고 특권만 누리고자 한다면 시민

KBS-TV 시청료 납부 거부 캠페인 스티커

들은 이에 대해 준엄한 비판을 할 권리가 있다. 언론에 감시견의 임무를 부여한 게 바로 시민이기 때문이다.

우리 사회에는 수용자 시민들이 언론을 엄격하게 감시하고 치열하게 비판해온 오랜 전통이 있다. 이른바 시민 언론 운동이다. 1980년대에 벌어진 'KBS 시청료 거부 운동'이 대표적이다. 독재 권력에 아첨하며 불공정한 보도를 해온 KBS에 시청료를 의무적으로 내는 것은 부당하다는 불만이 조직적인 저항으로 이어진 운동이다. 여성단체와 종교단체를 중심으로 시작돼 광범위하게 퍼진 이 운동은 언론뿐 아니라 우리나라 전체의 민주화를 이끌어내는 기폭제가 되었다는 평가를 받는다.

1990년대 후반부터 2000년대 중반까지 전개된 '안티조선 운동'도 큰 호응을 얻었던 언론 운동이다. 우리나라에서 가장 많은 판매 부수를 자랑하는 〈조선일보〉가 왜곡된 보도로 주류 기득권 세력의 정당하지 못한 권력을 강화하는 데 일조하고 있다는 문제의식에서 비롯된 안티조선 운동은 〈조선일보〉 구독을 중단하고 취재에 협조하지 말자는 캠페인을 전개하며 언론의 문제점을 널리 알리는 계기가 되었다.

좋은 언론 응원하기 `SNS`

감시하고 견제해야 한다고 해서 모든 언론을 거부해야 한다는 이야기는 아니다. 맹목적으로 언론을 불신하고 언론의 의미와 권위를 송두리째 부정하는 태도는 무비판적으로 언론을 추종하는 것만큼이나 위험하다.

언론과 무조건 대립하는 것이 비판적 수용자의 태도라고 생각한다면 착각이다. 비판적 사고란 잘못된 점을 들춰내 헐뜯고 깎아내리는 것이 아니라 사물의 옳고 그름을 논리적으로 가려 옳은 방향으로 나아가도록 하는 것이다. 주체적이고 비판적인 사고를 거쳐 언론을 평가하고 판단하되, 그 과정에서 공정하다고 평가받은 언론의 가치를 인정하는 것이 비판적 수용자의 바람직한 태도이다.

따라서 진정한 비판적 수용자는 올바른 언론의 필요성을 분명히 인식하며, 책임 있고 비판적인 언론에 관심과 응원을 보내는 이들이다. 수용자가 언론에 보내는 응원은 정기구독, 격려의 댓글과 전화, 후원금 등 다양한 형태로 표현될 수 있다.

자본주의 논리가 모든 가치에 우선하는 오늘날 우리 사회에서 권력과의 유착이나 상업화의 유혹에 넘어가지 않는 올곧은 언론이 지속가능한 발전을 꿈꾸기란 쉽지 않다. 우리 사회에도 권력의 눈치를 보지 않고 시민들 앞에 떳떳한 보도를 하려 애쓰는 비판적 언론이 여

럿 있다. 이들은 대체로 권력과 타협한 언론들에 비해 열악한 처지에 놓일 수밖에 없다. 비판적 수용자들이 공정하고 정의로운 언론에 지속적인 애정과 관심을 둬야 하는 이유가 여기에 있다. 비판적 언론은 시민들의 사랑을 먹고 자란다.

1975년 '〈동아일보〉 광고 사태'는 시민들이 권력의 '당근'을 거부한 언론을 지켜내기 위해 적극적으로 나선 사례로 우리 현대사의 한 페이지를 당당하게 장식하고 있다. 유신 정권의 서슬이 퍼렇던 1974년 10월 24일 〈동아일보〉 기자 180여 명은 정권의 간섭과 개입에 반대하는 '언론자유수호 선언'을 발표했다. 박정희 정권은 기업들을 압박하여 〈동아일보〉에 광고를 싣지 못하도록 했다. 이듬해 1월이 되자 광고의 98%가 떨어져나갔고, 〈동아일보〉는 광고 지면을 백지 상태로 발행해야 했다.

놀라운 일은 그 다음부터 벌어졌다. 직접 성금을 내고 광고를 싣겠다는 시민 독자들의 성원이 쇄도한 것이다. 광고란에는 기업이나 제품의 광고 문구 대신 정권에 저항하는 〈동아일보〉를 응원하는 시민들의 격려문이 실렸다. '〈동아일보〉의 배달원임을 영광스럽게 생각한다'는 신문배달원들의 지지 광고와 돼지 저금통을 깬 어린아이들의 격려문이 광고면을 채웠다.

5개월 가까이 이어진 광고 릴레이는 〈동아일보〉 사주가 저항에 앞장선 기자들을 대거 해고하고 정권에 굴복하면서 막을 내렸다. 엄혹

정직,순결, 무사,사랑, MRA학생회일동 중앙대학교	어리석은 者들 대학생 일곱	苛政猛於虎 K·K	SHAME! 종로에서 YK 李榮實	統一社會黨 一社會黨	徽文高二 세학생 守民者	아래서한 등불 김포 금단 친우회 일동 김철	영원한 등불 光榮同一	10년 애독자 현자가족	9人
自由! 東亞여! 民族의 넋이지	民族社會의 않는다는 사라지지	歷史는안다 東民族正氣여 조국국학원의 6名	바톤을 넘길때 까지...	大韓民國의 民權民主化 東亞日報 大田市 與權	동아여 꿋꿋이! 진헌종	주부김영자외 6人	?/ 東星 2학년몇		
이태원 할머니	정의는살아 있다 청량중학교 3~3 학생대표 의 16명	3년옹겨라 서울공대 원동자력과	이천구인클럽	民心은天心!! 누가能히	절 대 사 랑 SYJ	국민의 참된 벗은 어떤 압력 속에서도 영원 하리라 金蘭여고 2~4일동			
We Support Freedom of Expression 김석주 Tom Farrington	동아여 건투하라 제주 김예진	입 막고 눈 가리니 귀 만은 살아있다 동화상가 모피복 근로자 일동	여기 말없는 다수의 소리를 들으소서 부산의 어느대학생일동	勞動者 愼鏞穆	우리의 동아일보				
尹法師家族 金 鎭 國		지학순 주교님과 고통 받는 이들을 위해 계속 기도하 겠읍니다 대구대교구에서	배운다는 것이 부끄럽습니다 高大商大生	永 高					

동아일보 백지광고 사태 격려 광고

한 유신 독재 시대에 시민들은 끝내 〈동아일보〉를 지켜내지 못했다. 하지만 이 사건은 비판적 언론을 지켜내려는 수용자 시민의 의지가 행동으로 드러난 역사적 사례로서 큰 의미가 있다.

오늘날에는 올바른 언론을 후원하는 방법이 훨씬 쉽고 다양해졌다. 탐사보도 전문 언론 〈뉴스타파〉는 광고나 구독료 없이 오로지 시민들의 후원금만으로 운영되고 있다. 권력을 감시하고 비판하는 독립 언론의 필요성에 동의하는 4만 명 안팎의 시민들이 현재 〈뉴스타파〉를 정기적으로 후원하고 있다.

인터넷 신문 〈프레시안〉은 주식회사가 아닌 협동조합 형태로 운영되는 언론이다. 협동조합은 자발적으로 결성되고 공동으로 소유되며 민주적으로 운영되는 공동체다. 〈프레시안〉이 지향하는 가치에 동의하는 약 2,500명의 독자들이 조합원으로 가입해 정기적으로 조합비를 내고 '언론 공동체'를 함께 꾸려나가고 있다.

뉴스 생산에 크라우드 펀딩(crowd funding) 방식을 도입한 '뉴스 펀딩'도 주목받고 있다. 뉴스를 제작하기 전 뉴스의 주제와 의미를 카카오가 운영하는 '스토리 펀딩' 게시판 등에 올리면 취지에 공감하는 수용자들이 자유롭게 후원을 하고, 그렇게 십시일반 모인 후원금을 바탕으로 뉴스를 만들어 제공하는 방식이다. 권력의 눈치를 보지 않고 시민들에게 필요한, 시민들이 원하는 뉴스를 독립적으로 제작할 수 있는 대안적 경로라 할 수 있다.

내가 만드는 뉴스, 대안 미디어

여러분 중 누군가에게는 기존 언론이 끝내 마음에 들지 않을 수 있다. 기성세대에게는 좋은 언론이 만드는 좋은 뉴스라고 하지만, 청소년의 눈높이에서 볼 때는 성에 차지 않을 수도 있다. 이도 저도 마음에 들지 않는다면 스스로 기자가 되어 직접 뉴스를 만드는 방법이 있다.

허황된 꿈 이야기가 아니다. 인터넷이 가져온 변화들 가운데에는 부정적인 것도 있지만, 긍정적 변화도 많다. 인터넷은 미디어 시장의 진입장벽을 한껏 낮추어주었다. 과거에는 비싼 윤전기와 방송 장비를 갖출 만한 재력이 있어야 신문사나 방송사를 차리고 미디어의 주인이 될 수 있었다. 매스미디어 시대에는 극소수의 선택받은 이들만이 대중에게 뉴스를 전달하는 특권을 누렸던 것이다.

그러나 디지털 시대에 접어들면서 미디어를 만들고 운영하는 일이 한결 쉬워졌다. 블로그, SNS, 유튜브, 팟캐스트 등 다양한 뉴미디어를 통해 누구나 자신의 이야기를 세상에 알릴 수 있게 되었기 때문이다. 아울러 우리는 언제 어디서나 영상을 손쉽게 제작·편집하고 이들 플랫폼에 접속할 수 있게 해주는 스마트폰까지 손에 쥐게 되었다. 누구나 '나만의 언론사'를 차리고 자기 입맛대로 뉴스를 만들어 대중에게 직접 전달하는 일이 가능해졌다. 이제 시민들은 수동적 수용자에 머무르지 않고 스스로 능동적 생산자가 될 수 있다. 기자와 수용자 사이의 경계가 흐려진 것이다.

20대 청년들이 자기 눈으로 본 세상을 자기 입으로 말하는 '청년 미디어'가 대표적인 사례다. 청년 미디어는 아르바이트, 주거, 학자금 대출, 연애, 대중문화 등 젊은이들이 관심을 갖는 이슈를 기성세대와 차별화된 참신한 방식으로 다루고 있다. 대학 당국의 검열과 통제를 받는 기존 학보사의 틀을 깬 '독립 대학 언론'들도 우후죽순 생겨나고 있다. 마을이나 재래시장 등 지역 공동체 구성원들이 직접 참여하여 뉴스를 생산하며 대화와 소통을 주도하는 '커뮤니티 미디어'도 주목받고 있다.

더 작은 미디어도 있다. 개인이 혼자서 만드는 언론, '1인 미디어'도 인기다. 블로그 방문자가 하루 수만 명에 이르는 이른바 '파워블로거'들이 제품이나 공연에 대해 내리는 평가는 기성 언론 못지않은 영향력을 갖는다. SNS에는 수십만 명의 팔로워를 거느린 이용자들이 말 한마디로 여론을 들었다 놓았다 한다. 1인 저널리스트 '미디어몽구'는 어느 언론사에도 속해 있지 않지만, 카메라를 들고 현장을 누비며 많은 시민의 후원을 받는 독립 미디어로 굳건히 자리 잡았다.

이들은 모두 기성 언론의 문제점을 극복하는 대안 언론의 성격을 띠고 있다. 시민들이 직접 만드는 언론은 획일적인 내용을 전하는 기성 언론과 달리 다양한 관점과 취향을 담아낼 수 있기 때문에 그동안 배제되어 왔던 보통 사람들의 삶과 소수자의 목소리를 세상에 전할 수 있다. 사주나 광고주의 눈치를 보지 않아도 되므로 부당한 권력을 더 날카롭게 비판할 수도 있다.

언론의 미래는 어쩌면 시민들이 만드는 작은 대안 언론들에 있는지도 모른다. 언론을 지켜만 보던 수용자들은 이제 직접 발 벗고 나서 뉴스를 만들며 이전과는 전혀 다른 방식으로 언론을 바꾸어나가고 있다. 다소 서툴고 투박하더라도 지금 내가 서 있는 자리에서 할 수 있는 일은 생각보다 많다.

물론 대안 미디어의 현실이 장밋빛인 것만은 아니다. 오늘날 '1인 미디어'라고 하면 페이스북이나 유튜브에 상업적 목적으로 자극적 영상을 올리는 크리에이터가 떠오른다. 대안 언론으로서의 1인 미디어는 나날이 쇠약해지고 있다.

인터넷이라는 미디어에 숨어 있는 대안적 잠재력을 극대화하기 위해서는 가능성을 현실로 바꾸는 시민들의 행동이 수반되어야 한다. 활시위의 화살은 저절로 날아가지 않는다. 누군가 활을 당겨 과녁을 향해 쏘아야 한다. 특히 청소년을 포함한 젊은 시민들이 주체가 되어 기성 언론을 넘어서는 대안 언론을 주도할 때 미래는 우리 곁에 한 발짝 더 다가와 있을 것이다.

"기자가 되고 싶은데, 괜찮은 선택일까요?"

"기자가 되려면 무엇을 준비해야 하나요?"

이런 질문을 종종 받는다. '기자가 되는 것이 현명한 선택인가' 하는 질문에 답하기는 쉽지 않다. 사람마다 다르기 때문이다. 노동 강도가 세고 사생활을 희생해야 하는 기자는 적성에 맞지 않는 사람에게 견디기 힘들 만큼 고된 직업일 수 있다.

기자가 되고 싶어요  SEARCH

하지만 적성에 잘 맞는 사람에게 기자라는 직업은 더없이 행복하고 즐거운 일이다. 자신이 쓴 기사가 사회에 긍정적 변화를 가져오고 그로 인해 많은 사람이 도움을 받는다면 그보다 보람 있는 일이 없다. 게다가 기자는 업무 자체가 변화무쌍하고 역동적이어서 지루할 틈이 없으며, '거지부터 대통령까지' 다양한 사람들을 만나 많은 배움을 얻을 수 있다. 중요한 점은 자신이 과연 이 직업에 적합한 성격과 인생관을 가지고 있는지다.

과거에는 기자가 되려면 무조건 '언론고시'라고 불리는 까다로운 언론사 공채 시험에 합격해 신문사나 방송사에 들어가야 했다. 하지만 미디어 환경이 변화하고 '1인 미디어'와 각종 스타트업 미디어가 늘면서 기자라는 직업의 경계가 바뀌고 있는 오늘날에는 기자가 되는 경로도 다양해지고 문턱도 낮아졌다. 누군가 뽑아줘서 좁은 등용문을 통과해야 기자가 되는 시절은 가고, 능력만 있으면 누구나 영향력 있는 기자가 될 수 있는 시대가 왔다.

그렇다면 능력은 어떻게 갖추어야 할까? 어린 나이의 기자 지망생이라면 무엇보다 많은 뉴스를 접하고 다양한 경험을 쌓으며 사회에 대한 관심을 키우는 것이 중요하다. 기자는 공동체에 대한 무한한 애정을 갖고 사회적 약자의 아픔에 공감할 수 있어야 한다. 무엇이든 당연히 여기기보다 사물을 비판적으로 바라보는 습관을 기르는 것도 중요하다. 언론의 첫 번째 역할이 비판이라면 기자에게 가장 중요한 능력 역시 비판적 사고력이다. 논리적으로 분석하여 문제점을 파악하는 능력은 하루아침에 생겨나는 것이 아니므로, 어렸을 때부터 꾸준한 훈련이 필요하다.

제일 좋은 방법은 많은 책을 읽고 많은 글을 써보는 것이다. 글쓰기는 세상 보는 눈을 넓혀주고 생각을 깊게 만들어준다. 기자가 갖추어야 할 또 하나의 덕목인 글솜씨가 성장하는 것은 물론이다.

가장 높은 곳을 냉철한 눈으로 감시하고 가장 낮은 곳을 따뜻한 눈으로 바라보는 기자가 많아질수록 세상은 정의롭고 안전하며 깨끗해진다. 열정이 넘치는 기자가 되어 세상을 변화시키는 꿈을 키우는 맑은 눈의 청소년들이 지금보다 많아지는 날을 기대한다.

이 책과 함께하는 여정은 여기까지다. 하지만 여러분의 여행은 책의 마지막 페이지를 덮는 순간에 끝나는 것이 아니다. 나름의 성찰과 고민을 통해 언론을 바꾸어나가는 긴 여행이 앞으로 여러분의 몫으로 남아 있다.

모두가 입을 모아 언론이 위기라고 말한다. 실제로 디지털 시대의 급변하는 미디어 환경 속에서 언론사들은 내일의 생존을 장담하지 못하고 있다. 젊은 세대에게 종이신문은 이미 '화석'과 같은 존재가 되었지만, 인터넷에서는 아직 이렇다 할 수익 모델이 등장하지 않고 있다. 언론사들은 종이신문을 버리지도 못하고 인터넷으로 완전히 옮겨가기도 어려운 상황에 놓였다. 현재는 불안하고 미래는 불투명하다.

이 와중에 언론의 권위와 신뢰는 땅에 떨어지고 독자들은 하나둘 떠나가고 있다. 한 푼의 수익이라도 더 올리기 위해 인터넷에 수준 이하의 뉴스를 대량 생산하면서 자초한 결과다. 언론의 역할과 필요성을 부정하며 언론에 등을 돌리는 사람들이 늘고 있다.

앞서 우리는 언론과 민주주의는 서로를 필요로 하는 존재라는 사실을 배웠다. 민주주의 없이 언론도 없지만, 언론 없이 민주주의도 없다. 지금과 같은 위기 상태의 언론을 그대로 방치해둔다면 힘겹게 쌓아온 민주주의의 '공든 탑'도 위험해질 수 있다. 하나의 기업에 불과한 언론사가 다른 업종과 달리 시민들의 특별한 애정과 관심을 필요로 하는 이유가 여기에 있다.

책을 꼼꼼히 읽은 독자라면 여기서 말하는 언론에 대한 애정이 무조건적 옹호를 뜻하는 게 아님을 알 것이다. 부모가 사랑하는 자식을 바로잡기 위해 매섭게 혼을 내듯, 언론에 애정을 갖는 시민은 언론을 비판적으로 바라보며 원칙을 벗어난 언론에 회초리를 들어야 한다. 위기일수록 언론의 기본을 지키도록 이끌어야 한다. 비판적 시민을 만드는 것이 좋은 언론이라면, 좋은 언론을 만드는 것은 비판적 시민이다.

이 책에서 오늘날 우리 언론의 문제점을 조목조목 밝히고 비판한 의도는 언론이 썩었으니 고개를 돌리고 희망을 버리라는 것이 아니다. 앞으로 좋은 언론을 만들기 위해 바꿔나가야 할 점이 무엇인지 분명히 알자는 것이다. 이는 언론을 바꾸기 위해 앞으로 청소년 세대가 해야 할 일이 많이 남아 있다는 뜻이기도 하다.

기성세대가 만든 언론에 따끔한 일침을 가하고 대안을 제시하는 젊은 세대가 있다면 지금 언론의 위기는 동이 트기 직전에 찾아오는 짙은 어둠에 불과하다. 공정하고 정의로운 언론에 다다르는 마지막 한 걸음을 상상하며, 이제 새로운 여행을 떠나보자.

- **객관성**(objectivity): 현실과 일정한 거리를 둔 기자가 어느 쪽 편도 들지 않는 제3자의 눈으로 관찰하여 얻은 사실만을 보도한다는 기사 작성의 원칙이다. 객관성은 뉴스가 정확하고 진실하며 관련된 사실을 모두 포함하고 있어야 한다는 의미와, 가치 판단과 주관적 의견을 포함하지 않고 균형 잡힌 보도를 해야 한다는 의미를 동시에 갖는다. 그러나 기자도 인간이기 때문에 가치 편향이 있을 수밖에 없고 관점을 완전히 배제한 순수한 객관성은 불가능하다는 비판도 있다.

- **게이트키핑**(gatekeeping): 언론사 조직 내부의 장치로, 편집자와 언론사 간부 등이 다양한 기삿거리 중에서 최종적으로 대중에게 전파할 뉴스를 취사선택하는 과정을 말한다. 결정권자들이 문(gate)을 지키며(keeping) 통과 여부를 심사하는 것이다. 사실과 다르거나 뉴스 가치가 없는 정보를 걸러내는 긍정적 기능도 있지만, 중요한 정보가 대중에게 알려지지 못하도록 차단하는 부정적 역할을 할 때도 있다. 게이트키핑의 기준은 언론사마다 다르며 정치권이나 광고주의 압력, 기자 개개인의 가치관, 사회적 규범과 이데올로기 등 언론사 내·외부의 다양한 요인들에 영향을 받는다.

- **경마식 보도**(horse-race journalism): 선거 보도에서 치열한 순위 다툼만을 집중적으로 보도, 유권자들이 마치 객석에서 경마 시합을 구경하는 듯한 상황에 빠져들게 만드는 언론의 행태를 비판적으로 이르는 개념이다. 정당의 정책과 이념, 후보자의 자질과 도덕성 등 선거의 본질적인 요소에 대한 심층적 분석을 제공하지 않고 여론 조사를 통한 판세 분석, 치열한 캠페인 전략, 당락 예측 등 흥미를 자극하는 요소만을 강조하는 보도 방식을 말한다.

• **공론장**(public sphere): 독일의 철학자 하버마스가 내놓은 개념으로, 이성적이고 합리적인 시민들이 공적 관심사를 만들어내고 토론하는 과정을 통해 여론을 형성하는 자유롭고 평등한 공간을 가리킨다. 하버마스는 17~18세기 유럽의 카페와 살롱에서 부르주아들이 신문과 출판물을 읽고 정보를 공유하며 문학과 예술, 정치에 대하여 함께 토론했던 경험을 이상적 공론장으로 들었지만, 오늘날에는 언론이 이 역할을 수행할 것을 요구받고 있다.

• **공영방송**: 공공기구가 광고가 아닌 공적 자금(수신료, 국고지원금 등)을 바탕으로 운영하는 비영리적·비상업적 방송을 말한다. 시장의 논리가 아닌 공익 논리에 바탕을 두고 시민에게 책임을 다하며 특정 계급, 지역, 이해관계와 무관하게 온 국민에게 보편적인 서비스를 제공하는 방송사다. 영국의 BBC, 일본의 NHK 등이 유명하며 한국에는 KBS, MBC, EBS가 공영방송 형태로 운영되고 있다.

• **신자유주의**: 시장 원리를 극단적으로 강조하고 국가의 시장 개입을 철폐할 것을 주장하는 경제 원리이자 정치 이념이다. 사회의 자원 배분을 오로지 시장 경쟁의 원리에 위임해야 가장 효율적인 결과를 달성할 수 있다고 본다. 1980년대 영국의 대처 정권과 미국의 레이건 정권이 신자유주의 정책을 본격적으로 펼친 이래 세계 경제를 지배하는 교리가 되었고, 한국도 1997년 외환위기 이후 신자유주의가 경제의 기본 원리로 자리 잡았다. 사회보장 삭감, 공기업의 민영화, 노동시장 유연화, 자본시장과 금융시장의 자유화 등을 추구한다. 세계적으로 빈부격차가 커지고 2008년 미국 금융위기가 닥치면서 많은 비판을 받고 있다.

- **어뷰징**(abusing): 본래 남용, 오용이라는 뜻이지만, 인터넷에서는 언론사들이 클릭 가능성이 높은 기사를 포털사이트에 반복적으로 전송하는 행위를 가리키는 말이다. 이미 전송한 것과 동일한 제목과 내용의 기사를 계속 재전송하거나, 제목만 자극적으로 수정하여 전송하는 방식이 주로 쓰인다. 실시간 인기검색어 등 네티즌의 관심이 쏠리는 이슈를 다룬 기사를 집중적으로 포털에 올려 페이지뷰를 늘리기 위한 전략이다. 포털사이트의 제재와 언론사의 자정 노력 속에서 조금씩 줄어드는 추세다.

- **이데올로기**(ideology): 한 사회가 지닌 사상, 가치, 신념의 총체. 현실을 대하는 특정한 가치나 태도를 자연스럽고 당연한 것처럼 보이게끔 만들며 그것을 다수가 공유하지만, 일상 속에서 그 존재를 알아차리기는 쉽지 않다. 비판적 학자들은 지배 계급이 교육기관과 언론, 대중문화 등 다양한 수단을 활용하여 자신들의 이익이 사회 전체의 이익인 것처럼 꾸며 피지배 계급에 이데올로기를 주입한다고 주장한다.

- **종합편성채널**: 뉴스·교양·드라마·예능·스포츠 등 모든 장르를 편성하고 방송할 수 있는 채널. 줄여서 '종편'이라 부른다. 방송 가능한 콘텐츠의 범위는 지상파 방송과 차이가 없지만 케이블TV와 위성TV를 통해서만 송출된다는 점에서 다르다. 2009년 '미디어법'이 통과되면서 종편의 법적 근거가 마련되었고, 이후 〈TV조선〉, 〈채널A〉, 〈JTBC〉, 〈MBN〉 4개 종편이 출범했다. 개국한 지 여러 해가 지났지만 종편은 여전히 많은 우려와 비판을 낳고 있다. 신문사의 방송사 교차 소유에 따른 여론 시장 독과점, 지나치게 많은 채널에 사업권을 허가하면서 발생한 과당경쟁, 몇몇 종편이 제작하는 수준 이하의 콘텐츠 등이 비판의 핵심이다.

• 중우정치(衆愚政治): 고대 그리스의 철학자 플라톤이 민주주의의 타락을 경고하며 내놓은 개념이다. 다수결의 원리가 지배하는 민주주의 사회에서 군중 심리와 선동으로 다수의 시민이 '어리석은 대중(중우)'이 되었을 때 비합리적인 결정으로 사회 공동체를 위험에 빠뜨릴 위험성이 있다는 것이다. 때로는 엘리트들이 대중 주도의 민주주의를 비웃거나 폄하하기 위해 이 용어를 쓰기도 한다.

• 크라우드 펀딩(crowd funding): 군중을 뜻하는 'crowd'와 재원 마련을 뜻하는 'funding'의 합성어로, 특정 개인이 아닌 불특정 다수로부터 자금을 모은다는 뜻이다. 사회적으로 의미 있는 제품 또는 서비스를 만들 수 있는 창의적 아이디어를 가지고 있지만 자금은 넉넉지 않은 이들이 인터넷 플랫폼 등을 통해 수많은 시민에게 후원을 받아 프로젝트를 진행하는 방식이 대부분이다.

이상호 · 전혜윤 · 임세진, 2009, 《궁금해요! 기자가 사는 세상》, 창비.
기자라는 직업에 호기심이 많은 청소년들이 읽어볼 만한 직업 탐색 안내서. 호기심 많은 여중생들이 탐사고발 전문 기자를 인터뷰한다. 하루에 잠은 몇 시간이나 자는지, 특종은 어떻게 하는지, 기자가 되기 위해 필요한 것은 무엇인지 등이 소개되어 있다.

조윤호, 2016, 《나쁜 뉴스의 나라: 우리는 왜 뉴스를 믿지 못하게 되었나》, 한빛비즈.
미디어비평지 〈미디어오늘〉 기자가 한국 언론의 현실을 종합적으로 점검하고 미래를 전망했다. 나쁜 뉴스를 걸러내고 현실을 비판적으로 바라볼 필요성을 현장의 생생한 사례를 들어 강조하고 있다.

모리 다쓰야(김정환 옮김), 2017, 《뉴스 사용 설명서: 뉴스에 속지 않고 올바른 세계관을 갖추는 법》, 우리교육.
미디어가 세상의 진실을 어떻게 감추고 있는지, 뉴스에 속지 않고 세상을 똑바로 보기 위하여 무엇을 해야 하는지를 청소년들에게 차분히 설명해주는 책이다. 미디어를 올바로 사용하는 능력이라 할 수 있는 '미디어 리터러시'를 강조한다.

알랭 드 보통(최민우 옮김), 2014, 《뉴스의 시대: 뉴스에 대해 우리가 알아야 할 모든 것》, 문학동네.
소설가 겸 에세이스트 알랭 드 보통이 오늘날 우리의 삶 깊숙이 침투한 뉴스에 대한 사색을 펼쳐놓았다. 디지털 시대에 끊임없이 뉴스에 탐닉하는 우리의 일상을 돌아보고, 미디어의 숲 속에서 언론을 소비하는 건전한 방식이 무엇인지 고민해본다.

피터 로퍼(유영희 옮김), 2013, 《슬로우 뉴스: 비판적인 뉴스 소비자가 되기 위한 선언서》, 생각과 사람들.
기자 출신의 저자가 뉴스 소비자들에게 뉴스를 비판적으로 수용하고 이해하는 방법을 알려준다. 패스트푸드가 몸에 해롭듯, 패스트 뉴스도 우리 정신에 바람직하지 않다며 '어제의 뉴스를 내일 읽는' 슬로우 뉴스 운동을 주장하고 있다.

빌 코바치 · 톰 로젠스틸(이재경 옮김), 2014, 《저널리즘의 기본 원칙》, 한국언론진흥재단.
전 세계적으로 언론의 위기가 커지는 상황에서 반드시 지켜져야 할 언론의 기본적인 원칙 열 가지를 정리했다. 아무리 언론 산업과 미디어 환경이 급변하더라도 언론은 시민에게 충성하고 진실을 추구하는 원칙을 수호해야 한다고 주장한다. 기자들이 책꽂이에 놓아두고 반복해서 읽어야 할 필독서다.

한겨레 특별취재반, 2017, 《최순실 게이트: 기자들, 대통령을 끌어내리다》, 돌베개.
2016년 비선 실세의 국정 농단을 폭로한 〈한겨레〉 기자들의 취재 과정을 담은 책이다. 취재의 시작부터 마무리까지 전 과정이 상세히 복원되어 있어 기자들의 심층 탐사보도가 어떻게 이루어지는지 엿볼 수 있다.

참고 자료

박성제, 2017,《권력과 언론: 기레기 저널리즘의 시대》, 창비.

이정환 외, 2016,《뉴스가 말하지 않는 것들: 세상의 진실을 읽는 진짜 뉴스의 힘》, 인물과사상사.

미첼 스티븐스(이광재·이인희 옮김), 2010,《뉴스의 역사》, 커뮤니케이션북스.

로버트 W. 맥체스니, 2006,《부자 미디어 가난한 민주주의》, 한국언론재단.

홍세화, 2009,《생각의 좌표: 돈이 지배하는 사회에서 생각의 주인으로 사는 법》, 한겨레출판.

카린 왈-요르겐센, 토마스 하니취 공편(저널리즘학 연구소 옮김), 2016,《저널리즘 핸드북: 저널리즘에 대해 알고 싶은 모든 것》, 새물결.

이정환 외, 2015,《저널리즘의 미래: 자기 복제와 포털 중독 언론에 미래는 있는가》, 인물과사상사.

사진 출처

찾아보기

10대에게 들려주는 언론 이야기
왜 언론이 문제일까?

초판 1쇄 인쇄 · 2026. 2. 25.
초판 1쇄 발행 · 2026. 3. 10.
—

지은이　　박영흠
발행인　　이상용, 이성훈
발행처　　청아출판사
출판등록　1979. 11. 13. 제9-84호
주소　　　경기도 파주시 회동길 363-15
대표전화　031-955-6031 팩스 031-955-6036
전자우편　chungabook@naver.com
—

ⓒ 박영흠, 2026
ISBN 978-89-368-1269-0 43300
—

값은 뒤표지에 있습니다.
* 잘못된 책은 구입한 서점에서 바꾸어 드립니다.
* 본 도서에 대한 문의사항은 이메일을 통해 주십시오.

이 책은 《왜 언론이 문제일까?》의 내용을 보완하여 재출간한 것입니다.